Die besten 100 spanischen Rezepte

EDICIONES
Aldeasa

Einleitung

Die spanische Gastronomie ist die Summe der Spezialitäten aller Regionen des Landes und spiegelt so auch regionale Traditionen und Bräuche wider.
Wer das Baskenland besucht, kommt nicht umhin, eine Portion „Marmitako" zu kosten, das typische Gericht der Fischer dieser Gegend. Ursprünglich bereiteten die Köche der Fischkutter diesen schmackhaften Eintopf mit dem wenigen, was sie an Bord zur Hand hatten, für die Mannschaft zu. Und wer nach Barcelona reist, sollte dort die traditionellen Dicken Bohnen auf katalanische Art oder das Gemüsegericht „Escalivada" probieren. In Kastilien sind die Kutteln auf Madrider Art eine Spezialität, und aus dem Umland von Valencia stammt die berühmte Paella. Überall zu Hause ist die „Tortilla española" (Kartoffelomelett); die Spanier setzen dieses einfache Gericht gern ihren Gästen vor, weil sie wissen, dass es allen immer bestens schmeckt. Kalte und warme Soßen, zu denen auch die „Mojos" der Kanarischen Inseln zählen, sind ebenfalls Bestandteil dieser Mischung von Regionalküchen und -kulturen. Ohne sie würde den Gerichten ihr besonderer geschmacklicher Reiz fehlen, und außerdem wären die Tischgäste des in Spanien tief verwurzelten Vergnügens beraubt, mit Brotstücken den Teller blank zu putzen.
Dieses Buch soll Lesern, die unser mit Nahrungsmitteln reich gesegnetes Land kennen lernen möchten, einen Überblick über Kochkunst und Gaumenfreuden geben, die dank der vielfältigen Zubereitungsarten von Fleisch, Geflügel, Fisch, Soßen, Suppen, Eiern, Hülsenfrüchten und Gemüse das Einzigartige der „Ursprungsbezeichnung Spanien" ausmachen.

Suppen

Ajo blanco con uvas
Weiße Knoblauchsuppe mit Trauben

- 250 g hartes Weißbrot
- 150 g rohe gemahlene Mandeln
- 1 Knoblauchzehe ohne den grünen Keim
- 1 Ei
- 2 EL Essig
- 1 Glas Olivenöl (0,4°)
- 1/2 l Wasser

GARNIERUNG:
- 100 g Weintrauben
- 50 g Korinthen und Salz

So wird's gemacht

Die Brotkrume eine Stunde einweichen und abtropfen lassen. • 5 Minuten alle Zutaten im Mixer pürieren und danach durch ein Haarsieb streichen. • Die Mischung im Kühlschrank kühlen. Wenn die Suppe zu dickflüssig sein sollte, ein paar Eiswürfel oder Wasser hinzugeben.
Serviertipp: Man garniert die Suppe mit Trauben und Korinthen.

Caldo gallego
Galicische Bohnensuppe

- 3 l Wasser
- 100 g weiße Bohnen
- 2 mittelgroße Kartoffeln
- 200 g Serrano-Schinken am Stück (Rest)
- 1 Zwiebel
- 1 Eisbeinknochen
- 1 Bund Steckrübenstängel
- 2 EL Schweineschmalz
- Salz nach Geschmack

So wird's gemacht

Die Bohnen einweichen. • Am nächsten Tag die Bohnen, das Stück Schinken, den Eisbeinknochen, die Zwiebel und das Schmalz in einen Topf geben. Mit 3 Litern kaltem Wasser auffüllen und kochen, bis die Bohnen fast weich sind. Dann die Kartoffeln, die Steckrübenstängel und das Salz hinzufügen. • Weiterkochen, bis alle Zutaten gar sind. • Eventuell nachsalzen und sehr heiß anrichten.
Serviertipp: Den Schinken in kleine Würfel schneiden und über die Suppe streuen.
Hinweis: Wenn zwischendurch Wasser nachgegossen werden muss, sollte es heiß sein, damit der Kochvorgang nicht unterbrochen wird.

Crema de calabaza
Kürbiscreme

- 1 1/2 kg Kürbis
- 3/4 kg Kartoffeln
- 1 Zwiebel, gehackt
- 2 Knoblauchzehen, gehackt
- 1 dl Olivenöl
- 1 Würfel Fleischbrühe
- Salz
- 1 dl Wasser
- 1 kleines Glas süße Sahne

So wird's gemacht

Die Zwiebel bei schwacher Hitze glasig braten, dann den Knoblauch, die Kartoffeln und den Kürbis dazugeben. • Mit Wasser auffüllen, den Würfel Fleischbrühe darin auflösen und kochen lassen, bis die Kartoffeln weich sind. • Im Mixer zu einer gleichmäßigen Creme pürieren, die Sahne unterrühren und noch ein paar Minuten erhitzen.
Serviertipp: Mit gehackter Petersilie oder Schnittlauch garnieren.

Gazpacho

- 250 g hartes Weißbrot
- 1 kg reife rote Tomaten
- 1 grüne Paprikaschote
- 1 Knoblauchzehe
- 50 g Salatgurke
- 1 dl Öl
- 1 EL Essig
- Salz und eine Prise Zucker
- Wasser

GARNIERUNG:
- 1/2 Salatgurke
- 1/2 grüne Paprikaschote
- 1 *Piquillo*-Paprikaschote aus der Dose
- 1/2 Zwiebel
- 1 hart gekochtes Ei
- Geröstete Brotwürfel

So wird's gemacht

Die Brotkrume ein paar Stunden in Wasser einweichen und danach abtropfen lassen. • Brotkrume, Tomaten, grüne Paprika, Gurke, Knoblauch, Öl, Essig, Salz, Zucker und ein Gläschen Wasser in den Mixer geben. • Einige Minuten pürieren, bis der Inhalt eine dickflüssige Konsistenz erhält. • Das Ganze durch ein Sieb passieren und in eine Schüssel gießen. Wenn der *Gazpacho* zu dick geworden ist, mit etwas Wasser strecken.
Serviertipp: Mit Eiswürfeln servieren. Tomaten, Paprika, Zwiebeln und Ei klein hacken und jeweils separat als Garnierung dazu reichen.

Purrusalda

- 3/4 kg Kartoffeln
- 12 Stangen Lauch
- 1/4 kg zerpflückter Klippfisch
- 1 Zwiebel, klein geschnitten
- 1 Lorbeerblatt
- 1 dl Olivenöl
- 1 Würfel Fleischbrühe
- Salz

So wird's gemacht

Die Kartoffeln in Stücke schneiden, dabei aber den Schnitt nicht zu Ende führen, sondern am Schluss die Kartoffel brechen. Das Grün und die oberste weiße Blattschicht vom Lauch entfernen. In 3 Zentimeter große Stück schneiden. Den Klippfisch 12 Stunden wässern, zwischendurch 2 bis 3 Mal das Wasser wechseln.
Kochen: Die Zwiebel und den Lauch im Öl anbraten. Wenn beides glasig gebraten ist, die Kartoffelstücke kurz im Öl wenden. Mit Wasser auffüllen und das Lorbeerblatt und den Würfel Fleischbrühe hinzugeben. Wenn der Lauch und die Kartoffeln gar sind, den Klippfisch dazugeben. Aufkochen lassen und eventuell mit Salz abschmecken. Heiß servieren.
Hinweis: Es ist eine Suppe mit viel Brühe.

Salmorejo

- 1 kg reife Tomaten
- 1 Knoblauchzehe
- 1 volle Suppentasse Brotkrumen
- 1/4 l Olivenöl
- 1 TL Essig (nach Geschmack)
- Eine Prise Zucker
- Salz
- 100 g Jabugo-Schinken, in Streifen geschnitten
- 2 hart gekochte Eier, gehackt

So wird's gemacht

Tomaten und Knoblauchzehe im Mixer zerkleinern. • Danach das Brot hinzufügen und weiter mixen. • Dabei nach und nach das Öl hinzugießen. • Anschließend würzen und mit der höchsten Geschwindigkeitsstufe noch 2 Minuten mixen, damit eine feine Emulsion entsteht. In den Kühlschrank stellen.
Serviertipp: Sehr kalt in Portionsschälchen servieren und dazu Schinkenstreifen und gehacktes Ei reichen.

Sopas de ajo
Knoblauchsuppe

- 1 dl Öl
- 1 Knolle Knoblauch
- 1 Zwiebel
- 1 Tomate
- 1 TL süßes Paprikapulver
- Eier
- Brot

So wird's gemacht

Die Knoblauchzehen anbraten und aufheben. Im selben Öl die Zwiebel mit der klein geschnittenen Tomate anbraten. • Unter Rühren weitergaren, den Teelöffel Paprikapulver hinzugeben und alles mit reichlich Wasser auffüllen. • Die Knoblauchzehen im Mörser zerstoßen und zur Suppe geben. Die Suppe salzen und kochen lassen. • Im letzten Moment die Eier hineingeben und 3 Minuten lang pochieren. Zum Abschluss Brotscheiben toasten und damit die Suppe bedecken.

Sopa castellana
Kastilische Suppe

Brühe:
- 2 l Wasser
- 1 Würfel Fleischbrühe
- 1 Zwiebel
- 1 Möhre
- 1 Selleriestängel
- 200 g Serrano-Schinken
- 100 g frische *Chorizo*-Wurst
- 2 harte Eier, gehackt
- 150 g Brot in Scheiben
- Salz nach Geschmack

Gebratene Zutaten:
- 1/4 dl Öl
- 2 Knoblauchzehen ohne Keim, fein geschnitten

So wird's gemacht

Alle Zutaten für die Brühe zum Kochen bringen. • Nach einer halben Stunde den Schinken und die *Chorizo*-Wurst herausnehmen und würfeln. • Noch 20 Minuten kochen lassen.
Gebratene Zutaten: Den Knoblauch sautieren und die *Chorizo*- und Schinkenwürfel anbraten.
Fertigstellen: Das Brot, die gebratenen Zutaten und die gehackten Eier in die Brühe geben. Mit Salz abschmecken. Noch einmal kurz aufkochen lassen und servieren.

Reis und Nudeln

Arroz a banda

- 1 kg Fisch oder Fischreste für den Sud
- 3 ganze Zwiebeln, geschält
- 2 ganze Kartoffeln, geschält
- 1 Knolle Knoblauch
- 400 g Reis
- Öl
- Salz
- 1 TL Paprikapulver
- 2 Lorbeerblätter
- 2 EL Tomatensoße
- Safran und Petersilie
- *Alioli*-Soße (S. 122)

So wird's gemacht

Fischsud: In einem Topf Wasser aufsetzen und währenddessen in einer Pfanne mit reichlich Öl die Kartoffeln, die Zwiebeln, den Knoblauch und die Lorbeerblätter anbraten. Wenn sie leicht gebräunt sind, das Paprikapulver unterrühren und den Inhalt der Pfanne in den Topf mit kochendem Wasser geben. Nach 30 Minuten den Fisch hinzufügen und gar kochen. Danach die Brühe abgießen und den Fisch, die Zwiebeln und die Kartoffeln aufheben. • **Reis:** Die Paella-Pfanne (flache Pfanne mit Henkeln) erhitzen und Öl und Tomatensoße hineingeben. Das Paprikapulver kurz anbraten und den Reis hineinschütten. Anschließend den kochenden Fischsud (doppelt so viel Flüssigkeit wie Reis) dazugießen und das Ganze im Backofen 20 Minuten bei 250° garen. Die Reispfanne herausnehmen und zugedeckt 10 Minuten ruhen lassen. • **Serviertipp:** Wird mit *Alioli*-Soße serviert.

Arroz al horno
Reistopf aus dem Ofen

- 125 g Kichererbsen
- 1 kleiner halber Weißkohlkopf
- 400 g Reis
- 2 mittelgroße Kartoffeln
- 3 Tomaten
- 1 rote Paprikaschote
- 1 Knolle Knoblauch
- 1 Reisblutwurst
- 1 dl Öl
- Safran
- Salz

So wird's gemacht

Die Kichererbsen 12 Stunden einweichen und danach mit dem Weißkohl weich kochen. Dann mit Salz und einer Prise Safran würzen. Das Wasser abgießen und die Kichererbsen mit Kohl beiseite stellen. • In einer Pfanne nacheinander die in Streifen geschnittene Paprikaschote, die Kartoffeln, die Tomaten und die in Scheiben geschnittene Blutwurst braten. Danach im selben Öl den Reis und die Kichererbsen schwenken und diese dann in eine feuerfeste Tonform geben. • In die Mitte der Tonform die Knoblauchknolle platzieren und rundherum Kartoffeln, Blutwurstscheiben, Tomaten und Paprikastreifen anordnen. Mit Salz und Safran nachwürzen. • Den Sud zum Kochen bringen (doppelt so viel Flüssigkeit wie Reis) und kochend über den Reis gießen. Das Ganze im Backofen 20 Minuten bei 250° garen.

Arroz caldoso con almejas y pescado
Reiseintopf mit Venusmuscheln und Fisch

- 2 1/2 l Fischsud
- 3 Knoblauchzehen, klein geschnitten
- 1 Tasse Reis
- 1 grüne Paprikaschote, klein geschnitten
- 1 Tasse Tomatensoße
- 1 Tomate, abgezogen und gewürfelt
- 1 Zwiebel, gehackt
- 250 g Venusmuscheln
- 1/2 kg Seehechtbäckchen
- 1/2 kg Tintenfische
- 1 1/2 dl Öl

So wird's gemacht

Das Gemüse waschen und abtrocknen. • Jedes Seehechtbäckchen halbieren und waschen. • Das Innere der Tintenfische nach außen stülpen und putzen, dann gut waschen und in Ringe schneiden. • Im Schnellkochtopf das Gemüse bei kleiner Hitze im Öl pochieren, dann den Reis darin schwenken. Die Seehechtbäckchen und die Tintenfischringe hinzugeben. • Den Fischsud und die Tasse Tomatensoße darüber gießen und mit Salz, Pfeffer und Küchenkräutern würzen. • Den Topf schließen und ab dem Moment, in dem das Ventil zu zischen beginnt, noch 7 Minuten auf dem Feuer lassen. • In einer Pfanne die Venusmuscheln sautieren, bis sie aufgehen. • Den Kochtopf öffnen, die Muscheln hineingeben und den Eintopf sofort servieren.

Arroz negro
Schwarzer Reis

- 200 g Reis
- 1/2 kg Tintenfische
- 1 dl Olivenöl
- 1 getrocknete rote Paprikaschote
- Petersilie
- 1 Knolle Knoblauch
- 3 reife Tomaten, abgezogen
- 1 Zitrone
- Salz
- *Alioli*-Soße (S. 122)

So wird's gemacht

Die Tintenfische säubern, in Ringe schneiden und ohne den Tintensack zu entfernen in Wasser (doppelt so viel wie die Reismenge) kochen. • In der Paella-Pfanne (flach, mit 2 Henkeln) Öl erhitzen und darin die getrocknete Paprikaschote braten. Herausnehmen und im Mörser mit dem Knoblauch, dem Öl, der Petersilie, der Zitrone und den reifen Tomaten zu einem „Salmorreta" genannten Brei zerstoßen. • In die Pfanne mit dem Öl diesen Brei, die Tinte der Tintenfische und den Reis geben und leicht anbraten. • Die Tintenfische mit ihrem Kochwasser hinzufügen, salzen und 20 Minuten lang kochen.
Serviertipp: Noch 5 Minuten ruhen lassen und mit *Alioli*-Soße servieren.

Canalones
Canelloni

- 12 Canelloni
- 200 g Tomatensoße (S. 123)
- 50 g geriebener Käse

FÜLLUNG:
- 1 Zwiebel, fein gehackt
- 1 Knoblauchzehe, klein geschnitten
- 50 g Tomatensoße (siehe Inhaltsverzeichnis)
- 1 Dose Thunfisch (250 g) oder 1/2 kg Hackfleisch, Würstchen oder Fleischreste
- Salz und Pfeffer

BÉCHAMEL (S. 122):
- 30 g Mehl
- 30 g Butter
- 1/4 l Milch

So wird's gemacht

Die Nudeln in kochendem Salzwasser mit einem Schuss Öl bissfest kochen. • **Füllung:** In einer Pfanne mit etwas Öl die Zwiebel, den Knoblauch und die Tomatensoße leicht anbraten. Ein paar Minuten garen lassen, bis die Zwiebel weich ist, und den Thunfisch (oder eine andere Zutat nach Wahl) dazugeben. Salzen und pfeffern. • **Röllchen herstellen:** Die gekochten Nudelteigstücke auf dem Tisch ausbreiten. Jeweils auf die eine Seite einen Teelöffel Füllung geben und so einrollen, dass der Teil, wo die beiden Enden aufeinander treffen, unten ist und nicht aufgehen kann. Den Boden einer Ofenform gleichmäßig mit Tomatensoße bedecken, die gefüllten Canelloni darauf legen und mit der Béchamel nappieren. • **Fertigstellen:** Mit Reibekäse bestreuen und im Backofen gratinieren.

Fideuá

- 250 g dicke Nudeln (Hörnchen)
- 2 grüne Paprikaschoten
- 4 Knoblauchzehen
- 1/2 kg Tintenfische
- 1/2 kg Garnelen
- 1 dl Olivenöl
- 3/4 l Fischsud
- Salz
- *Alioli*-Soße (S. 122)

So wird's gemacht

Den Ofen auf 250° C vorheizen. Die Garnelen in einer Pfanne mit Öl einige Minuten braten und dann auspulen. Die Köpfe der Garnelen kochen und durch ein feines Sieb pressen. Den Kochsud beiseite stellen. • Den Knoblauch, die Paprikaschoten und die Tintenfische in einer Paella-Pfanne anbraten, dann die Nudeln hinzufügen, umrühren und alles zusammen dünsten. • Den kochenden Garnelensud hineingießen und, falls notwendig, weiteres Wasser zugeben. • Das Gericht 20 Minuten im Backofen fertig garen. • Am Schluss mit den Garnelen belegen.
Serviertipp: Mit *Alioli*-Soße servieren.

Paella

- 2 große Tassen Reis
- 300 g Garnelen
- 100 g mageres Schweinefleisch, in Würfel geschnitten
- 10 Hühnchenflügel
- 1 1/2 dl Olivenöl und 3 Knoblauchzehen
- 1 Tomate, abgezogen und klein gehackt
- einige Tropfen Zitronensaft
- Salz und Safran
- 4 große Tassen Garnelensud
- 2 hart gekochte Eier und 1 Paprikaschote aus der Dose

So wird's gemacht

Die Garnelen auspulen, die Schwänze einige Sekunden lang braten und kühl stellen. • Die Köpfe 30 Minuten in Wasser kochen, zerstoßen und durch ein Haarsieb passieren. • Das Fleisch salzen und pfeffern. • In einer Paella-Pfanne mit Öl den Knoblauch, die Hühnchenflügel und das Schweinefleisch anbraten. • Den Reis hinzugeben und 5 Minuten lang rühren. • Dann den Zitronensaft, die Tomate, Salz, Pfeffer und den zerstoßenen Safran hinzufügen. • Den Garnelensud heiß darüber gießen und evtl. mit etwas heißem Wasser ergänzen. • Sobald das Ganze zu kochen beginnt, 20 Minuten bei 180° im Ofen garen. Herausnehmen und 15 Minuten ziehen lassen. • Sollten die Reiskörner hart und trocken sein, etwas Wasser darüber träufeln und zugedeckt noch einige Minuten garen lassen.
Serviertipp: Mit den gebratenen Garnelen, den harten Eiern und Paprikastreifen garnieren.

Gemüse

Cardos con salsa de almendras
Cardy mit Mandelsoße

- 1 kg Cardy (spanische Artischocke)

BRÜHE:
- 1 EL Mehl
- 1 EL Olivenöl
- 1 Zitrone
- 3 l Wasser

SOSSE:
- 3 Knoblauchzehen, klein geschnitten
- 1/2 Gläschen Olivenöl
- 1/4 l Kochbrühe vom Cardy
- 50 g gemahlene Mandeln
- 1 EL Mehl
- Salz und Pfeffer

So wird's gemacht

Das Mehl in 3 Litern Wasser auflösen und ein paar Tropfen Zitronensaft und Öl hinzufügen. Die groben Fasern vom Cardystängel abziehen, diesen dann in 4 Zentimeter lange Stücke schneiden und mit Zitrone einreiben, damit er sich nicht verfärbt. Im Schnellkochtopf 20 Minuten kochen.
Soße: Den Knoblauch auf kleiner Flamme anbraten und die Mandeln, das Mehl und das Kochwasser vom Cardy dazugeben. Mit Salz abschmecken.
Fertigstellen: Sobald die Soße fertig ist, die Cardys hineingeben, noch ein paar Minuten köcheln lassen und servieren.

Espinacas con pasas y piñones
Spinat mit Korinthen und Pinienkernen

- 500 g Tiefkühlspinat
- 100 g Pinienkerne
- 100 g Korinthen
- 100 g Butter
- 2 Knoblauchzehen, fein gehackt
- 2 EL Olivenöl
- Salz und gemahlener Pfeffer

So wird's gemacht

Die Korinthen 4 Stunden einweichen. • Die Spinatblätter auftauen und sehr fein hacken. • In einer Pfanne die Pinienkerne und den Knoblauch in Butter und Öl goldbraun rösten, die Korinthen kurz in Mehl wenden und dazugeben. Zum Schluss den Spinat hineingeben und 6 Minuten braten, bis die Flüssigkeit vom Spinat verdunstet ist.

Habas a la catalana
Dicke Bohnen auf katalanische Art

- 1 kg frische dicke Bohnen
- 200 g weiße Presswurst (*Butifarra*)
- 2 Scheiben Frühstücksspeck, klein geschnitten
- 1 Zwiebel, klein gehackt
- 2 Knoblauchzehen, klein gehackt
- 1 kleines Glas Oloroso-Sherry
- 1 kleines Glas Olivenöl
- 8 Zweigchen Minze, gehackt
- Salz

So wird's gemacht

Die Bohnen aus den Schoten lösen. Es ist empfehlenswert, auch ihre äußere Haut zu entfernen. Beiseite stellen. • In einem Tontopf die Zwiebel und die gehackten Knoblauchzehen zusammen mit dem Frühstücksspeck glasig anbraten und die dicken Bohnen hinzufügen. • Mit Wasser ablöschen. • Den Sherry, zwei Zweige gehackte Minze und Salz hinzugeben und knapp mit Wasser bedecken. • Die dicken Bohnen weich kochen. • Die Presswurst in Scheiben schneiden und ebenfalls hinzufügen.
Serviertipp: Vor dem Servieren mit der restlichen Minze dekorieren.

Judías verdes con jamón
Grüne Bohnen mit Schinken

- 2 kg breite grüne Bohnen
- 1 Zwiebel, gehackt
- 2 abgezogene, klein geschnittene Tomaten
- 3 klein geschnittene Knoblauchzehen
- 100 g Bellota-Vorderschinken (vom Eichelschwein), in Streifen geschnitten
- Öl und Salz

So wird's gemacht

Gebratene Zutaten: Im Öl die Zwiebel, den Knoblauch und die Tomaten dünsten und am Schluss die Schinkenstreifchen dazugeben. Würzen.

Bohnen: Normalerweise sind die Bohnen von so guter Qualität, dass man die seitlichen Fäden nicht abziehen muss. Nur wenn diese hart sein sollten, muss man sie entfernen. Eine andere Möglichkeit ist, die Bohnen längs zu zerschneiden, damit sie feiner sind. Man kocht sie in Salzwasser. Wenn sie bissfest sind, mit kaltem Wasser abschrecken, damit sie ihre schöne Farbe behalten. Zu den gebratenen Zutaten geben und noch einige Minuten köcheln lassen.

Lechugas braseadas
Gebackene Salatherzen

- 6 Salatherzen aus Tudela
SOSSE:
- 3 gehackte Zwiebeln
- 3 gehackte Schalotten
- 2 EL geröstetes Mehl
- 1 dl Olivenöl

- 3/4 l Fleischbrühe
- Salz und Pfeffer
PANIERUNG:
- 2 Eier
- Mehl
- reichlich Olivenöl

So wird's gemacht

Die Salatherzen in kochendem Salzwasser 8 Minuten kochen. Halbieren und abtropfen lassen. In Mehl und Ei wenden und braten, dann in eine feuerfeste Form geben.
Soße: Die Zwiebeln im Öl andünsten. Wenn sie glasig sind, die Schalotten hinzufügen und alles 15 Minuten lang weiterdünsten. Mit dem gerösteten Mehl bestäuben und die heiße Fleischbrühe dazugießen. 10 Minuten kochen lassen und mit Salz abschmecken. Durch ein Haarsieb passieren und über die Salatherzen gießen.
Fertigstellen: Die Form mit Alufolie abdecken und im Backofen eine Stunde bei 160° backen.

Menestra navarra
Gemüseallerlei à la Navarra

- 500 g Artischocke
- 500 g gewürfelte Möhren
- 500 g Erbsen und 500 g grüne Bohnen
- 700 g Champignons in dünnen Scheibchen
- 1/2 dl Olivenöl
- 1 Zwiebel, klein gehackt
- 2 Stangen Lauch, klein geschnitten
- 2 Scheiben Frühstücksspeck, in Streifen geschnitten
- Salz und ein paar Tropfen Zitronensaft

GARNIERUNG:
- 2 harte Eier
- gebratene Toastbrotdreiecke

So wird's gemacht

Von den Bohnen die Spitzen abschneiden, die Möhren schälen und die Erbsen aus den Schoten pulen und die Stiele aus den Champignons herauslösen. Die harten äußeren Blätter der Artischocke entfernen, sodass nur ein Drittel übrig bleibt, und mit Zitronensaft beträufeln. • Zuerst die Möhren und Erbsen kochen und nach 10 Minuten die Champignons und grünen Bohnen hinzufügen. Wenn das Gemüse gar ist, durch ein Sieb abgießen. • Die Zwiebeln und den Lauch auf kleiner Flamme andünsten. • Wenn sie weich sind, den Speck und das restliche Gemüse dazugeben. Ein paar Minuten alles zusammen dünsten.
Serviertipp: Das Gemüse in eine flache Schüssel geben und mit hartem Ei und dreieckig geschnittenen gebratenen Toastbrotscheiben garnieren.

Papas arrugás con mojo picón
Runzelige Kartoffeln mit *mojo picón*

- 2 kg Kartoffeln
- Wasser
- grobes Salz
- *Mojo picón* (S. 125)

So wird's gemacht

Die Kartoffeln müssen alle die gleiche Größe haben, damit sie gleichzeitig gar werden. • Die Kartoffeln gut waschen, in einen Kochtopf geben, mit Wasser bedecken und ein paar Hand voll grobes Salz dazugeben. • Wenn die Kartoffeln weich sind, das Wasser abgießen und die Kartoffeln trocknen lassen, sodass sie schrumpeln und sich auf der Pelle eine Salzschicht bildet. **Mojo picón:** Den Knoblauch und die Paprikaschoten im Mörser zerstoßen. Wenn alles gut zerstoßen ist, das Paprikapulver und nach und nach auch das Öl und den Essig darunter mischen. Die Soße darf ganz nach Geschmack dick oder eher flüssig sein. Man reicht sie zu den runzeligen Kartoffeln.

Patatas con costillas
Kartoffeln mit Schweinsrippchen

- 1 kg Kartoffeln in Stücken
- 1/2 kg Schweinsrippchen
- 1 Zwiebel, klein gehackt
- 1 grüne Paprikaschote, klein geschnitten
- 1 *Piquillo*-Paprikaschote, gehackt
- 1 Knoblauchzehe, gehackt
- 1 dl Öl
- Wasser und Salz

So wird's gemacht

In einem Topf die Zwiebel anbraten. • Wenn sie sich goldbraun zu färben beginnt, die Paprikaschoten, den Knoblauch und die in Stücke zerhackten Schweinsrippchen dazugeben und einige Minuten andünsten. • Die Kartoffeln dazugeben und gut mit den restlichen Zutaten vermischen, dann mit Wasser auffüllen und auf kleiner Flamme kochen, bis die Kartoffeln gar sind. • Salzen und sehr heiß servieren.

Patatas en camisa (importancia)
Kartoffeln im Mantel

- 1 kg Kartoffeln
- 2 geschlagene Eier
- Mehl
- reichlich Öl

Sosse:
- 1 dl Öl
- 3 Knoblauchzehen, gehackt
- 2 EL Oloroso-Sherry
- 7 Fäden Safran
- Salz
- 1 EL Mehl
- 1 l Wasser

So wird's gemacht

Die Kartoffeln schälen und in dünne Scheiben schneiden. • In Mehl und Ei wenden. • Einzeln in reichlich Öl ausbraten und abtropfen lassen.

Soße: Den Knoblauch in Öl leicht anbraten. Bevor er sich zu bräunen beginnt, das Mehl und den im Mörser zerstoßenen Safran hinzugeben. Unter Rühren den Sherry und einen Liter Wasser hinzufügen. In dieser Soße dann die ausgebratenen Kartoffeln kochen. Mit Salz abschmecken. Wenn die Kartoffeln gar sind, die Soße mit einem in lauwarmem Wasser aufgelösten Esslöffel Mehl eindicken, falls sie zu flüssig sein sollte. • Kurz aufkochen lassen und servieren.

Patatas en salsa verde con pescado
Kartoffeln in grüner Soße mit Fisch

- 1 kg Kartoffeln in Stücken
- 2 Zwiebeln, gehackt
- 2 Knoblauchzehen, gehackt
- 3 EL Petersilie, gehackt
- 1 dl Öl
- 1/2 kg Tiefkühlfisch in Stücken ohne Haut und Gräten
- Wasser und Salz

So wird's gemacht

Die Zwiebel 5 Minuten in Öl andünsten und danach den Knoblauch und die Kartoffeln hinzufügen. • Wenn sich die Kartoffeln gut mit Öl vollgesaugt haben, mit Wasser bedecken und salzen. • Wenn die Kartoffeln weich sind, die Petersilie und den Fisch dazugeben und alles zusammen noch eine Weile kochen lassen. • Sehr heiß servieren.

Patatas escollera (guiso con mejillones)
Kartoffeln mit Miesmuscheln

- 1 kg Kartoffeln
- 1 Zwiebel, gehackt
- 1 Stange Lauch, klein geschnitten
- 2 grüne Paprikaschoten
- 1 Knoblauchzehe
- 1 Tomate
- 1 kg Miesmuscheln
- Petersilie
- Salz

So wird's gemacht

In einem Topf mit etwas Öl die Zwiebel, die Paprikaschoten, den Lauch und die Tomate mit einer Prise Salz schmoren. • Wenn diese Soße fast fertig ist, die Kartoffeln in Stücken hinzufügen, in der Soße schwenken und mit Wasser bedecken. 30 Minuten lang kochen, bis sie weich sind. • Den Knoblauch in einem Topf goldbraun braten, die gesäuberten Miesmuscheln dazugeben, zudecken und warten, bis die Muscheln sich öffnen. Abgießen, die Schalen entfernen und die Muscheln zu den Kartoffeln geben.
Fertigstellen: Noch ein paar Minuten aufwärmen und mit gehackter Petersilie verziert servieren.

Pimientos rellenos de arroz
Mit Reis gefüllte Paprikaschoten

- 8 rote Paprikaschoten
- 400 g Reis
- 100 g *Chorizo*-Wurst, gewürfelt
- 100 g Frühstücksspeck
- 150 g mageres Schweinefleisch
- 500 g reife Tomaten
- 1 Knoblauchzehe, gehackt
- Petersilie
- Öl und Salz

So wird's gemacht

Die Paprikaschoten waschen, mit der Messerspitze rund um den Stielansatz einen Deckel abschneiden und aufheben. • Aus dem Inneren der Paprikaschoten vorsichtig die Kerne und das dickere weiße Fleisch herauslösen. • Den Reis in kochendem Wasser 10 Minuten garen. • Den gehackten Knoblauch mit der *Chorizo*-Wurst, dem Frühstücksspeck, dem Schweinefleisch, der Hälfte der Tomaten und dem Reis in der Pfanne schmoren. • Damit die Paprikaschoten füllen und die Deckel darauf setzen und mit einem Zahnstocher befestigen.
Fertigstellen: Die mit Olivenöl bestrichenen Paprikaschoten in eine ofenfeste Form stellen und die restlichen Tomaten darüber streuen. • Im vorgeheizten Ofen bei 180° 45 Minuten lang garen.

Pimientos del piquillo rellenos de bacalao
Mit Klippfisch gefüllte *Piquillo*-Paprikaschoten

- 200 g Klippfisch, in Stücke geschnitten
- 1 Dose *Piquillo*-Paprikaschoten (ca. 425 g), 2 Schoten für die Soße aufheben
- Béchamel (S. 122)
- einige Tropfen Fleischkonzentrat
- Salz

So wird's gemacht

Den Klippfisch 48 Stunden im Kühlschrank wässern, dabei das Wasser etwa 6 Mal auswechseln. Zur Zubereitung den Klippfisch in einen Topf mit kaltem Wasser geben und erhitzen. Kurz bevor das Wasser kocht vom Herd nehmen. Haut und Gräten entfernen und den Fisch zerpflücken. • Eine Béchamelsoße zubereiten und in zwei Portionen aufteilen. • Die eine Portion zum Klippfisch geben und kurz aufkochen lassen. Mit dieser Mischung die Paprikaschoten füllen und in eine ofenfeste Form legen.

Paprikasoße: Die andere Hälfte der Béchamel zusammen mit den restlichen Paprikaschoten und dem Fleischkonzentrat im Mixer pürieren. Die Soße über die gefüllten Paprikaschoten gießen und das Ganze im Ofen eine halbe Stunde bei 180° C garen.

Pisto

- 500 g Zucchini, geschält und in Würfel geschnitten
- 300 g grüne Paprikaschoten, gehackt
- 150 g Tomaten, überbrüht und abgezogen
- 100 g Zwiebel, gehackt
- 1 rote Paprikaschote
- Olivenöl
- Salz, Pfeffer und Zucker

GARNIERUNG:
- 2 hart gekochte Eier

So wird's gemacht

Die rote Paprikaschote 60 Minuten in Alufolie gewickelt im Ofen garen. • In der Folie abkühlen lassen, die Haut abziehen und in Würfel schneiden. • Die Zwiebel in einer Pfanne mit 2 Dezilitern Öl heiß anbraten. Nach 5 Minuten die grüne Paprika hinzufügen und 15 Minuten später auch die Zucchini und die rote Paprika. Würzen und langsam köcheln lassen. • Nach einer halben Stunde die Tomaten dazugeben und das Ganze weitere 10 Minuten auf kleiner Flamme kochen. • Zum Schluss ruhen lassen und das oben schwimmende Fett abschöpfen. • Sollte der *Pisto* zu viel Flüssigkeit enthalten, noch eine Weile einkochen lassen und abschließend mit Salz und Pfeffer abschmecken.
Serviertipp: Mit den harten Eiern garnieren.

Rovellones o níscalos
Edelreizker

- 1 kg Edelreizker (Speisepilz)
- 100 g Frühstücksspeck
- 3 Knoblauchzehen, gehackt
- 1 Zwiebel, klein gehackt
- 1 dl Olivenöl
- Salz

So wird's gemacht

Die Edelreizker trocken säubern und dann mehrfach in sauberes Wasser tauchen, bis sie keine Erde mehr verlieren. Die Pilzköpfe in Scheibchen schneiden und noch einmal waschen. • Die Zwiebel im Öl andünsten. • Sobald sie glasig ist, den Knoblauch, den in feine Streifen geschnittenen Speck und die Edelreizker hinzufügen. Weiterdünsten, bis die Flüssigkeit von den Pilzen verdunstet ist.

Tumbet

- 3 Auberginen
- 8 frische rote Paprikaschoten
- 6 mittelgroße Kartoffeln
- 1 l Tomatensoße (S. 123)
- Olivenöl
- Salz

So wird's gemacht

Die in Alufolie eingewickelten roten Paprikaschoten 45 Minuten bei 200° im Ofen garen. Abkühlen lassen, dann abziehen und in Streifen schneiden. • Die Kartoffeln schälen und in dünne Scheiben schneiden. In Mehl wenden und braten. • Die Auberginen in Scheiben schneiden und mit dem anderen Gemüse in eine ofenfeste Form schichten: zuerst die Kartoffeln, darüber die Auberginen und obenauf die Paprika. Tomatensoße darüber gießen. • Eine Stunde im Ofen bei 170° garen und servieren.

Salate

Cogollitos de Tudela
Salatherzen aus Tudela

- 6 kleine Salatherzen
- 2 Scheiben geräucherter Speck (Frühstücksspeck), klein geschnitten

VINAIGRETTE:
- 1 TL Sherryessig
- 4 EL natives Olivenöl
- Salz und Pfeffer

So wird's gemacht

Die Salatherzen nach Entfernen der äußeren Blätter unter fließendem kalten Wasser waschen und dann halbieren. • Den Frühstücksspeck scharf anbraten. Die Zutaten für die Vinaigrette sämig schlagen und die Speckstückchen darunter mischen.
Fertigstellen: Die Salatherzen mit der Vinaigrette begießen.

Ensalada de naranja y bacalao
Orangen- und Klippfischsalat

- 2 Orangen
- 500 g Klippfisch
- 1 Zwiebel

Sosse:
- Ein kleines Glas Olivenöl
- 3 TL Weißweinessig
- 1 Knoblauchzehe
- Salz, Pfeffer und eine Prise Zucker

So wird's gemacht

Die geschälten Orangen in Scheiben teilen und die Haut von den Scheiben entfernen. •
Den Klippfisch zerpflücken und wässern. Die Zwiebel in sehr feine Ringe schneiden.
Soße: Den Knoblauch im Mörser zerstoßen und mit dem Essig mischen, das Öl darunter schlagen und die Soße mit Salz und Pfeffer abschmecken.
Fertigstellen: Auf einer Platte die Orangenscheibchen, die Zwiebel und darüber den Klippfisch anrichten. Die Soße darüber gießen und servieren.

Ensalada de pato
Salat mit Entenschinken

- 2 Tomaten, gehäutet und gewürfelt
- 1 Salatherz aus Tudela, klein geschnitten
- 150 g grüne Bohnen, klein geschnitten und bissfest gekocht
- 150 g Frühstücksspeck
- 2 Avocados, in Scheiben geschnitten
- 150 g Entenschinken

VINAIGRETTE:
- 3 EL Olivenöl
- 1 EL Balsamico-Essig
- 1 TL Zucker
- Salz

So wird's gemacht

Zuerst die Tomaten andünsten und in die Mitte des Salattellers häufen. • Anschließend den sehr fein geschnittenen Salat, die geschmorten grünen Bohnen und die Avocados darüber geben und zuletzt den Entenschinken auf die Avocadoscheiben legen. Den Frühstücksspeck knusprig braten. • Die Speckstückchen über den Salat streuen.

Fertigstellen: Mit 3 Esslöffeln Öl und einem Esslöffel Essig, Salz und einer Prise Zucker eine Vinaigrette rühren. • Wenn die Vinaigrette schön sämig ist, über den Salatteller gießen.

Ensalada tibia de langostinos
Lauwarmer Salat mit Langschwanzkrebsen

- Salatblätter
- 6 Artischockenherzen
- 2 Knoblauchzehen, gehackt
- 200 g Champignons
- 24 Langschwanzkrebse

VINAIGRETTE:
- 1/2 dl Brühe der Langschwanzkrebse
- Schalen und Köpfe der Krebse
- 3 EL Öl und 1 EL Essig
- 2 Schalotten
- Salz und Pfeffer

So wird's gemacht

Die Salatblätter waschen und trocknen. Die Artischockenherzen und die Champignons in dünne Scheibchen schneiden und in etwas Öl kurz anbraten. Die Langschwanzkrebse auspulen und das Fleisch zusammen mit dem Knoblauch andünsten.
Vinaigrette: Köpfe und Schale der Krebse kurz in Öl schwenken, dann zerstoßen, damit sie ihren ganzen Saft abgeben, etwas Wasser hinzufügen und einkochen lassen. • Abgießen und den Fond mit dem Öl verrühren. • Die Schalotten klein schneiden und in die Ölmischung geben. • Salzen und pfeffern und beim Erhitzen auf dem Herd mit dem Schneebesen schlagen.
Serviertipp: Auf den Teller zunächst die Salatblätter legen und darauf die Artischocken, Champignons und Langschwanzkrebse verteilen. Die warme Vinaigrette darüber gießen.

Ensalada de gambas
Garnelensalat

- 1 kg Garnelen
- 1/4 hausgemachte Mayonnaise
- 1 EL Kondensmilch
- 2 Äpfel, geschält und in Stückchen geschnitten
- 1 Salatkopf, klein geschnitten
- 1 Zitrone

VINAIGRETTE:
- 1 TL Balsamico-Essig
- 3 EL natives Olivenöl
- Salz und Pfeffer

So wird's gemacht

Die Mayonnaise mit der Kondensmilch verrühren. Die Garnelen auspulen, in heißem Öl anbraten und zu der Soße geben. • Die Äpfel schälen und zerschneiden, mit dem Saft der Zitrone beträufeln und ebenfalls zu der Mischung geben. • Eine Vinaigrette als Soße für den Salat zubereiten.
Serviertipp: Zuerst kommt der Salat auf den Teller und darüber gibt man die Mischung aus Äpfeln und Garnelen und die Mayonnaise.

Escalivada

- 2 Kartoffeln
- 2 Zwiebeln
- 2 grüne Paprikaschoten
- 2 Auberginen
- Salz
- natives Olivenöl

So wird's gemacht

Das Gemüse und die Kartoffeln waschen, in dünne Ringe schneiden und in der genannten Reihenfolge in eine feuerfeste Form schichten. • Mit Salz bestreuen und mit den Fingern etwas Öl darüber träufeln. • Die Form mit Alufolie abdecken und das Gemüse bei 170° 30 Minuten im Ofen garen. • Aus dem Ofen nehmen. • Auf einer sehr heißen Grillplatte das Gemüse leicht bräunen. Zum Schluss noch einmal mit Olivenöl beträufeln.

Salpicón de mariscos
Meeresfrüchtesalat

- 1 Frühlingszwiebel, in Streifen geschnitten
- 1 1/2 kg kleine Langschwanzkrebse à 50 g
- 1 kg Miesmuscheln
- 3 Riesengarnelen
- Lorbeerblätter

VINAIGRETTE:
- 1 dl natives Olivenöl
- 1 EL Sherry-Essig
- Salz

So wird's gemacht

Einen Liter Wasser mit 40 g Salz und zwei Lorbeerblättern zum Kochen bringen. • Wenn das Wasser sprudelnd kocht, die Langschwanzkrebse und Riesengarnelen hineingeben. Die Krebse dürfen nur 90 Sekunden kochen, die Riesengarnelen 1 - 2 Minuten länger (je nach Größe). • Sobald sie gar sind, herausnehmen und abkühlen lassen. • Anschließend von der Schale befreien und in Stückchen schneiden. • Die Miesmuscheln gründlich waschen und mit ganz wenig Wasser in einer Pfanne kochen. • Sobald sie sich öffnen, das Muschelfleisch aus der Schale herauslösen. **Vinaigrette:** Salz in Essig auflösen und mit dem Öl sämig schlagen. • Die Frühlingszwiebel und die Meeresfrüchte hinzufügen. Vor dem Servieren einige Stunden ziehen lassen.

Salziges aus Teig

Coca de sobrasada

Blechkuchen mit *Sobrasada*

FÜLLUNG:
- 200 g Sobrasada (mallorquinische Paprika-Metwurst)
- 2 EL Zwiebelsuppe aus der Tüte
- 1 EL Süßwein Pedro Ximénez
- 1 EL Zucker

TEIG:
- 1 dl Öl
- 1/2 dl Weißwein
- 2 Eier
- 20 g frische Backhefe
- 1 EL Salz und 1/2 EL Zucker
- 300 g Mehl

So wird's gemacht

Teig: Die Hefe in dem lauwarmen Weißwein auflösen. Das Öl und die verquirlten Eier hinzufügen. Verrühren und das mit Salz und Zucker gemischte Mehl dazuschütten. 10 Minuten kneten, bis der Teig geschmeidig ist. Mit dem Nudelholz auswellen, rund formen und die Ränder mit den Fingern hochbiegen, damit mehr Füllung in die *Coca* passt. Mit einer Gabel Löcher in den Boden stechen. • **Füllung:** Die Sobrasada zunächst auf Zimmertemperatur anwärmen. Den Süßwein und die Zwiebelsuppe dazugießen und zu einer gleichförmigen Masse rühren. • Die Füllung auf den Teig schöpfen. Mit Alufolie abdecken und im auf 180° vorgeheizten Ofen 25 Minuten backen. Nach der Hälfte der Zeit die Folie entfernen. Aufpassen, dass die Oberfläche nicht zu dunkel wird. • **Hinweis:** Statt Hefeteig kann man auch Tiefkühl-Blätterteig nehmen.

Croquetas de jamón de Jabugo
Béchamelkroketten mit Jabugo-Schinken

- Béchamel (S. 122)
- 30 g Jabugo-Schinken
- Salz
- Muskatnuss

PANIERUNG:
- 2 Eier
- Semmelbrösel
- reichlich Olivenöl

So wird's gemacht

Eine Béchamelsoße mit 60 g Mehl und derselben Menge bei den übrigen Zutaten zubereiten. • Den Schinken hineingeben und gut verrühren. Noch einmal aufkochen und völlig abkühlen lassen. Dazu Klarsichtfolie direkt auf der Oberfläche ausbreiten, damit sich keine trockene Kruste bildet. • Mit zwei Löffeln längliche Kroketten aus der dicken Béchamelmasse formen. • In geschlagenem Ei und danach in Semmelbröseln wenden. Noch einmal schön formen. • In heißem Öl (170°) frittieren.

Hinweis: Die Mengen für Mehl und Milch sind reine Anhaltspunkte, denn je nachdem, wie feucht das Mehl ist, nimmt es mehr oder weniger Flüssigkeit auf. Jedenfalls muss es eine dicke Béchamel werden.

Empanada gallega
Galicische *Empanada*

FÜLLUNG:
- 2 dl Öl und Salz
- 3 Zwiebeln, gehackt
- 4 *Piquillo*-Paprikaschoten aus der Dose
- 1 Tomate, abgezogen und klein geschnitten
- 3 Dosen Sardinen in Öl oder 1 kg frische Sardinen

TEIG:
- 500 g Mehl
- 1 1/2 dl Öl
- 1/2 dl süße Sahne oder Milch
- 3 geschlagene Eier
- 1 EL Salz und 1 EL Zucker
- 30 g frische Backhefe

So wird's gemacht

Füllung: Die Zwiebeln und die Paprikaschoten in Öl andünsten. Die Sardinen schuppen und das Rückgrat entfernen. Zu der Zwiebel-Paprika-Mischung geben. Alles sehr weich dünsten.
Teig: Die Hefe in der lauwarmen Sahne oder Milch auflösen. Den Wein, das Öl und die 2 geschlagenen Eier hinzufügen. Das Mehl, das Salz und den Zucker darüber streuen. Von Hand oder mit der Küchenmaschine 10 Minuten durchkneten, bis der Teig elastisch wird. • Den fertigen Teig in zwei Hälften teilen. Die eine mit dem Nudelholz auswellen und darauf die Füllung löffeln. Die zweite Hälfte ebenfalls auswellen und als Deckel darüber legen. • **Fertigstellen:** Die Oberfläche mit einem verquirlten Ei bestreichen und bei 180° 25 Minuten im Ofen backen.

Empanadillas de carne
Teigtaschen mit Fleischfüllung

- Tiefkühl-Blätterteig oder Teig nach Rezept (S. 124)
- 200 g gebratenes oder gekochtes Fleisch
- Ein paar Tropfen Worcestersoße (Perrins)
- 1 dl Tomatensoße (S. 123)
- Ein paar Tropfen Tabasco (nach Geschmack)
- 1 geschlagenes Ei
- Salz

So wird's gemacht

Das Fleisch mit der Küchenmaschine hacken und mit der Tomatensoße und der Worcestersoße mischen. Wenn die Füllung pikant sein soll, ein paar Tropfen Tabasco hinzufügen. Mit Salz abschmecken. • Den Teig ausbreiten und Kreise mit einem Durchmesser von 7 Zentimetern ausstechen. Die Füllung auf alle verteilen und die Teigtaschen zuklappen. Die Ränder mit ein wenig geschlagenem Ei verkleben und mit einer Gabel Rillen in die Ränder drücken. • In reichlich Öl frittieren.

Hinweis: Den Teig kann man schon vorher zubereiten, aber sobald die Teigtaschen gefüllt sind, muss man sie auch frittieren.

43 Migas sorianas
Geröstete Brotkrumen à la Soria

- 1 rundes Weißbrot
- 3 Knoblauchzehen
- 2 EL Paprikapulver
- 2 EL Wasser
- 3 EL Öl
- 50 g Serrano-Schinken in Stückchen
- 12 Scheibchen *Chorizo*-Wurst

So wird's gemacht

Man sollte sie schon am Abend vorher vorbereiten. • Die Krume aus der Brotkruste lösen. Die Knoblauchzehen klein schneiden und mit dem Wasser und dem Paprikapulver vermischen. • Die Brotkrume mit dieser Mischung übergießen und gut vermischen, damit die Krume sich gleichmäßig voll saugt. • Daraus eine Kugel formen und in ein feuchtes Tuch wickeln. • 12 Stunden ruhen lassen. • Die Brotkrumen in ganz wenig Öl rösten, denn sie dürfen nicht ölig werden. • Immer wieder zerdrücken, auflockern und umrühren und dabei die Schinkenstückchen und die Wurstscheibchen untermischen.
Hinweis: Man isst sie frisch vom Herd.

Hülsenfrüchte

Alubias blancas con almejas
Weiße Bohnen mit Venusmuscheln

- 200 g weiße Bohnen
- 1/2 kg Venusmuscheln
- 1 Zwiebel
- 1 Knoblauchzehe
- 1 Lorbeerblatt
- Weißwein
- Olivenöl
- Wasser
- Petersilie
- Salz

So wird's gemacht

Das Einweichwasser der Bohnen abgießen. Die Bohnen zusammen mit der Zwiebel, dem klein geschnittenen Knoblauch, dem Lorbeerblatt, der Petersilie und dem Olivenöl in einen Topf geben. Mit kaltem Wasser bedecken und bei kleiner Hitze kochen. • Die gründlich gewaschenen Venusmuscheln mit 2 Esslöffeln Wasser und 4 Esslöffeln Weißwein in einem Topf kochen, bis sie sich öffnen. • Wenn die Bohnen gar sind, die Venusmuscheln mit der Soße hinzufügen. Würzen und noch 10 Minuten köcheln lassen.

Alubias rojas de Tolosa
Rote Bohnen aus Tolosa

- 400 g rote Bohnen
- 1 Schweineohr und 1 Schweineschwanz
- 1 Endstück Serrano-Schinken (500 g)
- 1 Zwiebel
- 2 ganze Knoblauchzehen
- 3 Stangen Lauch
- Salz
- Olivenöl
- Paprikapulver

So wird's gemacht

Die Bohnen am Vortag einweichen. • Zum Kochen die Bohnen, die Zwiebel, die Knoblauchzehen, Schweineohr und –schwanz sowie das Stück Serrano-Schinken in einen Topf mit kaltem Wasser geben und einen Schuss Öl dazugießen. • Wenn die Bohnen schon fast weich sind, gebratene, mit Paprikapulver bestäubte Zwiebelstückchen unterrühren. Noch ein Weilchen kochen lassen, bis alles gar ist, und mit Salz abschmecken.

Cocido madrileño
Madrider *Cocido*

- 200 g Kichererbsen
- 1 kleiner Kopf Weißkohl
- 2 Möhren, 2 große Kartoffeln, 2 Zwiebeln und 3 Stangen Lauch (ohne Grün)
- 1 Endstück Serrano-Schinken
- 150 g Bauchspeck
- 1 Stückchen vom Eisbein
- 1/4 Suppenhuhn
- 1 1/2 kg Beinfleisch vom Rind
- 2 *Chorizo*-Würste (250 g) und 1 Reisblutwurst
- 1/2 l Tomatensoße und 2 EL Öl
- 2 Knoblauchzehen, klein geschnitten
- 150 g Fadennudeln

So wird's gemacht

Die Kichererbsen 12 Stunden einweichen. • Das Eisbein, den Bauchspeck, das Beinfleisch, das Suppenhuhn und die Kichererbsen, die man in einen Netzbeutel tun sollte, in leicht gesalzenem Wasser kochen. • Zu den fast weichen Kichererbsen das Gemüse geben. • Die Zutaten nacheinander herausnehmen, wenn sie gar sind (ca. 4 Std.). • Den Weißkohl separat kochen. Wenn er zart ist, abgießen und abtropfen lassen. In etwas Öl bei schwacher Hitze mit den gehackten Knoblauchzehen schmoren. • Die *Chorizo*-Wurst und die Blutwurst hineingeben und weitere 20 Minuten schmoren. • **Fertigstellen:** Die Nudeln für die Suppe (Vorspeise) in der Brühe garen. Unterdessen die Servierschüsseln füllen: die eine mit Kichererbsen, Gemüse und Fleisch, die andere mit Weißkohl, dem in Stücke geschnittenen Bauchspeck und den Würsten. Man kann dazu Tomatensoße reichen.

Fabada asturiana
Asturischer Bohneneintopf

- 1/2 kg Dicke Bohnen
- 2 Schweinsblutwürste
- 2 kleine *Chorizo*-Würste
- 100 g Speck
- 1/4 kg gepökelter und getrockneter Vorderschinken
- ein paar Fäden Safran
- 1 Schuss Öl und Salz

So wird's gemacht

Am Abend vorher den Vorderschinken in lauwarmem Wasser und die Bohnen in kaltem Wasser einweichen. • Die Bohnen, den Vorderschinken, die Blutwürste, die *Chorizo*-Würste und den Speck in einen Topf geben, das Einweichwasser der Bohnen dazuschütten, einen Schuss Öl darüber gießen und zum Kochen bringen. • Nach dem Aufkochen die Hitze verringern und langsam garen. Darauf achten, dass die Bohnen immer mit Wasser bedeckt sind, damit sie nicht ihre Haut verlieren. • Wenn die Bohnen halb gar sind, den leicht gerösteten und völlig zermahlenen Safran hinzufügen. • Am Schluss die Bohnen würzen, ein paar Esslöffel voll herausnehmen und pürieren, um damit die Brühe zu binden. Noch einige Minuten auf ganz kleiner Flamme ziehen lassen.

Gachas

- 4 EL Öl
- 4 EL Saatplatterbsenmehl
- 2 Schweinefilets
- Frühstücksspeck
- 100 g frischer Schweinebauch
- 2 Knoblauchzehen, klein geschnitten
- 200 g *Chorizo*-Wurst
- 2 TL süßes Paprikapulver
- 1/2 TL scharfes Paprikapulver

So wird's gemacht

Die Schweinefilets und den Bauchspeck in Stücke schneiden und braten. Aufheben. • Den Knoblauch, die Wurst und den Frühstücksspeck klein schneiden und im selben Öl braten. Beiseite stellen. • Im restlichen Öl unter ständigem Rühren das Mehl mit dem Paprikapulver rösten und darauf achten, dass es nicht anbrennt.
Am Schluss 4 Schöpflöffel voll Brühe oder Wasser hinzugeben und 15 Minuten köcheln lassen.
Serviertipp: In einer Tonschale mit dem Fleisch und der Wurst garniert servieren.

Garbanzos con espinacas y bacalao
Kichererbsen mit Spinat und Klippfisch

- 300 g Kichererbsen
- 1 ganze geschälte Zwiebel
- 2 ganze ungeschälte Knoblauchzehen
- 200 g Tiefkühlspinat
- 2 Knoblauchzehen, klein geschnitten
- 150 g zerpflückter Klippfisch
- 1 dl Olivenöl
- Salz

So wird's gemacht

Klippfisch: 24 Stunden wässern und zwischendurch das Wasser mehrmals wechseln.
Kichererbsen: Am Vorabend in Salzwasser einweichen. • Dieses Wasser abgießen und die Kichererbsen in der vierfachen Menge Wasser mit der Zwiebel und dem Knoblauch zum Kochen bringen. • Wenn die Kichererbsen fast gar sind, die Zwiebel und den Knoblauch herausnehmen und pürieren. • In einer Pfanne mit soviel Öl, dass es den Boden bedeckt, die beiden klein geschnittenen Knoblauchzehen anschmoren, das Zwiebel-Knoblauch-Püree hineingeben und dann den Spinat und den Klippfisch hinzufügen. Alles über die Kichererbsen gießen. Mit Salz abschmecken und weiterkochen, bis die Kichererbsen gar sind.
Hinweis: Es ist nicht möglich, genaue Kochzeiten anzugeben, da die Qualität der Kichererbsen und des Wassers stark variiert.

Lentejas con chorizo
Linsen mit *Chorizo*-Wurst

- 400 g Linsen
- 1 Zwiebel, fein gehackt
- 1 ganze Zwiebel
- 1 Knoblauchzehe
- 1 Möhre in Stückchen
- 100 g frischer Bauchspeck
- 1 TL süßes Paprikapulver
- 150 g *Chorizo*-Wurst

So wird's gemacht

Die Linsen ein paar Stunden einweichen. In kaltem Wasser mit dem Bauchspeck, der ganzen Zwiebel, den Möhren und dem Paprikapulver aufsetzen. • Wenn sie halb gar sind, in einer Pfanne die gehackte Zwiebel und den Knoblauch anbraten. Die gekochte Zwiebel und die Möhrenstückchen aus dem Topf dazugeben. • Alles kräftig anbraten, pürieren und unter die Linsensuppe rühren. • Wenn die Linsen fast gar sind, die *Chorizo*-Wurst hinzufügen und noch einige Minuten köcheln lassen.
Serviertipp: Mit der in Scheiben geschnittenen Wurst und dem Bauchspeck in Stücken auftragen.

Eier

51 Huevos abuñuelados fritos con arroz y pimientos
Gebratene Eierkörbchen mit Reis und Paprika

- 6 Eier (à 50 g)
- 1 Tasse weißer Reis
- 6 rote Paprikaschoten
- 2 Knoblauchzehen, klein geschnitten
- Olivenöl

So wird's gemacht

Die Eier hintereinander in reichlich Öl mit einer Temperatur von 190° frittieren. • Beim Braten mit dem Schaumlöffel die Ränder umschlagen und das Eigelb damit zudecken, bis sich lockere Körbchen formen. • Herausschöpfen und direkt auf einen runden Teller gleiten lassen. • Die mit Alufolie bedeckten Paprikaschoten bei 180° eine Stunde im Ofen backen. • Zugedeckt abkühlen lassen, danach schälen und in Streifen schneiden. • In einer Pfanne den Knoblauch, die Paprikastreifen und den Saft der Paprikaschoten zusammen dünsten. • Wenn der Reis gar ist, in ein Schälchen füllen und andrücken, dann in die Mitte des Tellers stürzen und rundherum abwechselnd die frittierten Eier und die Paprikastreifen anordnen.

Huevos al nido
Eier im Nest

- 6 Brioche-Brötchen
- 6 Eier
- 4 Scheiben gekochter Schinken
- 12 EL Béchamel (S. 122)
- 100 g geriebener Käse
- Salz
- Pfeffer

So wird's gemacht

Von den Brioche-Brötchen oben einen Deckel abschneiden und den unteren Teil aushöhlen. • In jedes Brötchen ca. 2 Esslöffel Béchamel, den klein geschnittenen Schinken, den Käse und ein Eigelb füllen. Salzen und pfeffern. • Das Eiweiß zu Schnee schlagen und damit jedes Brötchen bedecken. • Im Ofen backen, bis sich der Eischnee goldbraun färbt. Man kann die Nester aber auch in reichlich Öl ausbacken.
Serviertipp: Man kann dazu Tomatensoße reichen.

Huevos encapotados
Versteckte Eier

- 6 Eier
- Béchamel (S. 122)

Panierung:
- 2 Eier
- Semmelbrösel
- reichlich Öl zum Frittieren

So wird's gemacht

Die Eier in reichlich Öl, das sehr heiß sein muss, braten. • Dann eins nach dem anderen in Abständen auf eine Platte setzen. • Anschließend die Béchamel zubereiten. Die fertige Soße über die Eier gießen und alles abkühlen lassen. • In verquirltem Ei und Semmelbröseln wälzen und frittieren.
Serviertipp: Mit Strohkartoffeln und Tomatensoße garnieren.

Huevos estrellados
Eier auf Kartoffeln

- 1 1/2 kg Kartoffeln
- 2 Knoblauchzehen, geschält
- 6 mittelgroße Eier
- Salz
- reichlich Olivenöl

So wird's gemacht

Die Kartoffeln schälen und der Länge nach in etwa 3 bis 4 Zentimeter dicke Schnitze schneiden. • Wenn das Öl eine Temperatur von 175° erreicht hat, die Kartoffelschnitze in mehreren Schüben hineingeben und frittieren. • Die Öltemperatur kontrollieren, damit die Kartoffeln innen gar werden, ohne außen Farbe anzunehmen. Sobald sie gar sind, in einem Sieb abtropfen lassen. • Einen Rest Öl in der Pfanne belassen und die Kartoffeln erneut hineingeben. • Während die Kartoffeln wieder erhitzt werden, die Eier einzeln darüber aufschlagen und das Eigelb zerlaufen lassen. Würzen.

Revuelto de ajetes
Rührei mit Knoblauchtrieben

- 100 g frische Knoblauchtriebe
- 4 Eier
- 2 EL süße Sahne
- Salz
- 3 EL Öl

So wird's gemacht

Die Knoblauchtriebe erst längs durchschneiden, dann den weißen Teil der Triebe in 3 Zentimeter lange Stückchen schneiden. • Diese dann in einer Pfanne mit Öl dünsten, bis sie weich sind. Danach würzen. • Die Eier schlagen, eine Prise Salz dazugeben und die süße Sahne einrühren. • Die Mischung in die Pfanne mit den Knoblauchtrieben gießen. • Rühren, bis die Eier zu stocken beginnen. Das Rührei sollte cremig sein.

Revueltos con langostinos y espinacas
Rührei mit Langschwanzkrebsen und Spinat

- 8 Eier
- 8 Langschwanzkrebse
- 300 g Tiefkühlspinat
- 2 EL süße Sahne
- Öl
- Salz

So wird's gemacht

Den klein gehackten Spinat in einer Pfanne mit drei Esslöffeln Öl anbraten. • Die Langschwanzkrebse kochen, auspulen, in Butter dünsten und aufheben. • Die Eier in eine Schüssel schlagen und mit Sahne und Salz vermischen. • Im Wasserbad auf dem Herd 8 Minuten lang mit dem Schneebesen cremig schlagen. • Wenn die Eier zu stocken beginnen, die Krebse und den Spinat dazugeben.
Serviertipp: Mit in Dreiecke geschnittenen gebratenen Toastbrotscheiben garnieren.

Tortilla de calabacín
Zucchini-Omelett

- 6 Eier
- 2 dl Öl
- 1 kg ungeschälte Zucchini
- 2 Zwiebeln, klein geschnitten
- Salz

So wird's gemacht

In 1 Deziliter Öl die mit Salz gewürzten Zwiebeln langsam dünsten. • Die Zucchini waschen, ungeschält in dünne Scheibchen schneiden und mit den Zwiebeln schmoren, bis sie glasig sind. Man darf sie nicht zu stark braten, damit sie nicht zerfallen und ihren Geschmack nicht verlieren. Die Gemüsemischung in ein Sieb füllen und abtropfen lassen. • Wenn keine Flüssigkeit mehr austritt, in einer beschichteten Pfanne mit 1 Deziliter Öl wieder erhitzen. • Die Eier in einer Schüssel schlagen, würzen, in die Pfanne mit der Zucchini-Zwiebel-Mischung gießen und alles vorsichtig vermischen. Auf kleiner Flamme langsam stocken lassen. • Mithilfe eines Deckels das Omelett wenden und auf der anderen Seite stocken lassen.

Tortilla de patatas
Kartoffelomelett

- 1 kg Kartoffeln
- 200 g Zwiebeln, klein geschnitten
- 8 Eier (à 50 g)
- 1 dl Olivenöl (0,4°)
- Salz

So wird's gemacht

Die Kartoffeln schälen und in dünne Scheiben schneiden. • In einer beschichteten Pfanne von 25 Zentimetern Durchmesser das Öl erhitzen und die Kartoffeln hineingeben. • Nach 5 Minuten die Zwiebeln und das Salz hinzufügen und bei kräftiger Hitze weiterbraten. Damit nichts anklebt, mit einem Wender ab und zu die Kartoffeln vom Pfannenboden lösen und nach oben heben. Sobald sie weich sind, in einem Sieb abtropfen lassen. • Die Kartoffeln in die verquirlten Eier gleiten lassen, einmal umrühren und mit Salz abschmecken. • 3 Esslöffel des verbleibenden Öls in einer Pfanne erhitzen und wenn es anfängt zu rauchen, die Mischung hineingeben. Die Pfanne schütteln, damit das Omelett nicht anbäckt, und die Ränder mit dem Schaumlöffel runden. Dann auf kleiner Flamme das Omelett langsam stocken lassen. • Wenn es innen noch saftig ist, auf einen Teller stürzen und umgedreht wieder in die Pfanne gleiten lassen, um es noch ein paar Sekunden von der anderen Seite zu bräunen.

Tortilla de pimientos del piquillo y bacalao
Omelett mit *Piquillo*-Paprikaschoten und Klippfisch

- 100 g Zwiebeln, gehackt
- 400 g grüne Paprikaschoten, entkernt und klein geschnitten
- 3 Knoblauchzehen
- 8 *Piquillo*-Paprikaschoten aus der Dose
- 100 g Klippfisch, zerpflückt
- 8 Eier
- 5 1/2 EL Öl
- Salz

So wird's gemacht

Den Klippfisch 12 Stunden wässern und zwischendurch 3 Mal das Wasser wechseln. • In einer Pfanne von 20 Zentimetern Durchmesser die Zwiebeln in Öl dünsten. • Sobald sie glasig sind, den Knoblauch und die grünen Paprikaschoten hinzufügen und weich schmoren. Danach die *Piquillo*-Paprikaschoten und den Klippfisch hinzufügen und alles zusammen mit einem halben Esslöffel Öl braten. Das darf nicht länger als 5 Minuten dauern, damit der Klippfisch nicht dunkel wird. Würzen. • Die Eier schlagen und hineingeben. • Das Omelett auf ganz kleiner Flamme garen. • Wenn das Omelett gestockt ist, aber innen noch saftig ist, auf einen Teller stürzen und umgedreht wieder in die Pfanne gleiten lassen, damit es auf der anderen Seite auch stockt und Farbe annimmt.

Fleisch und Geflügel

Albóndigas de ternera
Hackbällchen

- 500 g gehacktes Rindfleisch
- 3 Bratwürste
- 40 g geräucherter Bauchspeck
- 4 Scheiben Toastbrot
- 1 dl süße Sahne
- 2 Eier
- 1 Knoblauchzehe, klein geschnitten
- 1 EL Petersilie
- Mehl und Salz

SOSSE:
- 1 Zwiebel, gehackt
- 1 Möhre, klein geschnitten
- 1/2 Tomate, abgezogen und gewürfelt
- 1 EL Mehl, geröstet
- 2 dl Öl
- 1 Würfel Fleischbrühe und Salz

So wird's gemacht

Beim Metzger den geräucherten Speck zusammen mit dem Fleisch hacken lassen. Zu dieser Mischung das Wurstbrät geben. Das Weißbrot in der Sahne einweichen und mit den Eiern, dem Salz, dem klein geschnittenen Knoblauch und der Petersilie in den Becher des Pürierstabs füllen. Alles pürieren und dann die Mischung über das Fleisch gießen. Verkneten, Klößchen formen und in Mehl wenden. • Die Klößchen in sehr heißem Öl braten, bis sich eine Kruste bildet. • **Soße:** Die Zwiebel glasig dünsten und dann die Möhre, die Tomatenwürfel und das Salz dazugeben. Das geröstete Mehl, 2 Gläser Wasser und einen Würfel Fleischbrühe hinzufügen. 30 Minuten köcheln lassen und danach pürieren. • Die Hackbällchen 15 bis 20 Minuten in der Soße ziehen lassen.

Caldereta de cordero
Lammeintopf

- 1 kg Lamm in Stücken
- 2 Zwiebeln, klein geschnitten
- 2 grüne Paprikaschoten, in Stückchen
- 1 dl Olivenöl
- 12 neue Kartöffelchen, geschält
- 4 Knoblauchzehen
- 3 Lorbeerblätter
- 2 EL frische Petersilie, gehackt
- 1 EL Paprikapulver
- 1 TL Meersalz
- frisch gemahlener Pfeffer
- 1 EL Rotweinessig
- 1 gehäufter EL Mehl
- Wasser

So wird's gemacht

Die Zwiebeln und die Paprikastückchen in Öl anbraten. Die leicht gesalzenen Lammstücke hinzufügen. Alles ein paar Sekunden bei kräftiger Hitze braten. • Den Knoblauch, den Lorbeer, die Petersilie, das Paprikapulver, das Salz und den Pfeffer im Mörser zerstampfen und dann mit dem Essig und ein bisschen Wasser verrühren. Den Lammtopf damit begießen und mit Wasser aufgießen. • Nach einer halben Stunde die Kartoffeln hinzufügen und weiterkochen lassen, bis alles gar ist. • Das in etwas Wasser aufgelöste Mehl dazugeben, um die Soße einzudicken, und aufkochen. • **Serviertipp:** Auf 6 Schälchen verteilen und sehr heiß servieren.

Carrilleras
Schweinsbacken

- 1 kg Schweinsbacken
BRÜHE:
- 2 Zwiebeln
- 2 Möhren
- 2 Knoblauchzehen
- 1 EL Brandy
- 1 Würfel Fleischbrühe

- Pfeffer und Salz
- 1 EL SpeisestärkePANIERUNG:
PANIERUNG:
- Mehl
- Ei
- Olivenöl zum Braten

So wird's gemacht

Die fetten Teile von den Schweinsbacken entfernen. Die Schweinsbacken 6 Stunden in kaltes Wasser legen, damit das ganze Blut austritt. • Dann mit allen Zutaten für die Brühe in einen Schnellkochtopf geben und ab dem Moment, in dem das Ventil zu zischen beginnt, 20 Minuten kochen. • Die gegarten Schweinsbacken etwas abkühlen lassen und in Filets schneiden. Diese in Ei und Mehl wenden und braten. Auf Küchenkrepp abtropfen lassen. • Die Brühe einkochen und pürieren. • Die Soße mit einem in Wasser aufgelösten Esslöffel Speisestärke binden und die Schweinsbacken hineingeben. Kurz aufkochen lassen und servieren.

Chuletón de buey con pimientos del piquillo
T-Bone-Steak mit *Piquillo*-Paprikaschoten

- 4 T-Bone-Steaks vom Ochsen (à 500 g)
- 12 *Piquillo*-Paprikaschoten
- 2 Knoblauchzehen
- 1 EL Öl
- grobes Salz

So wird's gemacht

Im Grill Holzkohle oder Holz (es muss hart sein), die beide nicht zu viel Rauch verursachen, anzünden. Warten, bis der Grill sehr heiß ist und sich Glut gebildet hat. • Die mit grobem Salz bestreuten Steaks grillen. Sie sind fertig, wenn das Fleisch innen noch rot und außen gut geröstet ist.
Fertigstellen: In heißem Öl die Knoblauchzehen mit den entkernten *Piquillo*-Paprikaschoten anbraten und dann unter häufigem Rühren bei schwacher Hitze dünsten.
Serviertipp: Das mit den Paprikaschoten garnierte Steak auf einem heißen Teller servieren.

Cochinillo asado
Gebratenes Spanferkel

- 1 Spanferkel von knapp einem Monat
- 1 Glas trockener Weißwein
- Öl oder Schweineschmalz
- 2 Knoblauchzehen
- 1 Zwiebel
- 6 schwarze Pfefferkörner
- 1 kleines Glas Essig
- Lorbeer und Salz

So wird's gemacht

Das sorgfältig gesäuberte und halbierte Spanferkel gut einsalzen und mehrere Stunden in eine Marinade aus dem Wein, dem Knoblauch, der zerschnittenen Zwiebel, dem Pfeffer, dem Lorbeerblatt einlegen und dem Salz. • Danach mit Schmalz einreiben und in den auf 170° vorgeheizten Ofen schieben. • Nach der Hälfte der Garzeit umdrehen, einen Pinsel in Essig tauchen und damit die Haut bestreichen. Diesen Vorgang 4 oder 5 Mal alle 10 Minuten wiederholen, denn so wird die Haut schön knusprig. • Die Garzeit beträgt ungefähr anderthalb Stunden.
Hinweis: Spanferkel wird normalerweise mit im Ofen gebackenen Kartoffeln und grünem Salat gegessen.

Estofado de morcillo de ternera con verduras
Geschmortes Kalbsbeinfleisch mit Gemüse

- 1 kg Kalbsbeinfleisch
- 2 dl Olivenöl
- 2 Zwiebeln, fein gehackt
- 2 Möhren
- 250 g Erbsen
- 150 g Weiße Rüben
- 2 dl Weißwein
- 2 1/2 dl süße Sahne
- 2 Eigelbe
- 1 Zitrone
- 1 Gewürznelke, Salz und Pfeffer

So wird's gemacht

Das Kalbsbeinfleisch mit Salz, Pfeffer und der zerstoßenen Gewürznelke würzen. • In Olivenöl goldbraun anbraten. • Die Weißen Rüben und die Möhren in Scheibchen schneiden. • In die Fleischkasserolle die Zwiebeln und das übrige Gemüse geben und einige Minuten andünsten. • Den Wein darüber gießen und mit etwas Wasser ergänzen. Schmoren, bis das Fleisch gar ist. • Die beiden Eigelbe mit ein paar Tropfen Zitronensaft verrühren, mit der Sahne vermischen und diese Soße ein paar Minuten erhitzen, aber nicht kochen lassen.
Fertigstellen: Das Fleisch in Scheiben schneiden und mit dem Gemüse und der Soße anrichten.

Gallina en pepitoria
Safranhuhn mit Mandeln

- 1 Suppenhuhn von 2 kg
- 3 Zwiebeln, gehackt
- Etwas Mehl
- Olivenöl

- 1 l Geflügelbrühe
- 4 Fäden Safran
- 50 g gemahlene Mandeln
- Petersilie und Salz

So wird's gemacht

Das in Stücke zerteilte Suppenhuhn würzen, in Mehl wenden und anbraten. • Die Zwiebeln andünsten und mit dem Huhn in eine Kasserolle geben. • Über das Fleisch Petersilie und zerriebenen Safran streuen und mit der Brühe auffüllen. • Eine Stunde auf kleiner Flamme köcheln lassen. • Am Schluss die Mandeln hinzufügen und noch einige Minuten kochen lassen.
Serviertipp: Dazu serviert man Reis.

Jabalí en salsa
Wildschwein in Soße

- 1 Wildschweinhaxe
- 2 Zwiebeln in Stücken
- 2 Tomaten in Stücken
- 2 Möhren, gewürfelt
- Olivenöl
- 3 EL Gewürzkräuter

MARINADE:
- 2 Möhren, klein geschnitten
- 2 Zwiebeln, in Ringe geschnitten
- 6 Knoblauchzehen, klein geschnitten
- 4 Lorbeerblätter
- Thymian und Petersilie
- 20 Pfefferkörner
- 1 l Rotwein
- 2 dl Essig
- Olivenöl

So wird's gemacht

Marinade: Das Gemüse andünsten, mit allen Flüssigkeiten begießen und im Schnellkochtopf eine halbe Stunde kochen. • Das Fleisch mit Salz, Pfeffer und Gewürzkräutern würzen. • Die abgekühlte Marinade über die Schweinshaxe gießen und diese dann 4 Tage an einem kühlen Ort stehen lassen. Hin und wieder wenden. • **Braten:** Das Fleisch großzügig mit Öl benetzen und 20 Minuten im auf 200° vorgeheizten Ofen braten. Umdrehen, um das Fleisch von allen Seiten zu bräunen. • **Fertigstellen:** Das Gemüse dazugeben und das Ganze weitere 3 Stunden bei 150° braten. • **Hinweis:** Wenn es eine Haxe ohne Knochen ist, verkürzt sich die Bratzeit.

Lacón con grelos
Pökelschinken mit Steckrübenstängeln

- 3 kg gepökelter und getrockneter Vorderschinken
- 1 Bund Steckrübenstängel
- 1/2 kg weiche *Chorizo*-Wurst
- 1 kg Kartoffeln
- 1 dl Olivenöl

So wird's gemacht

Den Vorderschinken in lauwarmem Wasser waschen, um das Salz von der Oberfläche zu entfernen, und dann 2 Stunden wässern. • Den Vorderschinken in reichlich Wasser mit Öl geben und aufkochen lassen, dann 2 Stunden kochen. Die Wurst und die Steckrübenstängel hineingeben. • Eine weitere Stunde kochen und dann die Kartoffeln dazugeben. • Nach einer halben Stunde die Flüssigkeit abgießen und den Vorderschinken sehr heiß servieren.
Serviertipp: Alles zusammen in eine Schüssel füllen. Man kann aber auch den Schinken und die Wurst in Stücke geschnitten auf einer Platte servieren und die Steckrübenstängel und Kartoffeln separat dazu reichen.

Pechugas de pollo en escabeche
Marinierte Hähnchenbrüste

- 2 kg Hähnchenbrüste

MARINADE:
- 1/4 l Olivenöl
- 1/4 l Weißwein
- 2 dl Essig
- 2 dl Wasser
- 1 Zwiebel in Stücken
- 4 Knoblauchzehen, zerstoßen
- 10 Pfefferkörner
- 1 Würfel Fleischbrühe
- Lorbeerblatt und Salz

So wird's gemacht

In einem Topf die Marinade zum Kochen bringen. Die Hähnchenbrüste hineingeben und zugedeckt 20 Minuten kochen. • Die Hähnchenbrüste herausnehmen und in eine Form legen. Die Brühe darüber gießen. • Wenn alles völlig abgekühlt ist, zudecken und in den Kühlschrank stellen.
Serviertipp: Die Hähnchenbrüste mit der Marinade servieren und dazu grünen Salat oder Russischen Salat reichen.

Perdices con níscalos y boletus
Rebhühner mit Edelreizkern und Steinpilzen

- 3 Rebhühner
- 2 dl Olivenöl
- 1 Zwiebel, gehackt
- 6 ungeschälte Knoblauchzehen
- 1 Lorbeerblatt
- 1/4 l Rotwein aus Rioja
- 1 Glas Wasser
- 1 TL Gewürzkräuter
- Salz
- Ragout aus Edelreizkern und Steinpilzen (S. 125)

So wird's gemacht

Die Rebhühner säubern. • Den Knoblauch im Mörser zerstoßen und damit die Rebhühner einreiben. Würzen und in einer Kasserolle mit der Zwiebel, dem Knoblauch und dem Lorbeerblatt andünsten. Den Wein darüber gießen und mit Wasser auffüllen. • Anderthalb Stunden kochen und die Rebhühner herausnehmen, sobald sie gar sind. • Das Ragout aus Edelreizkern und Steinpilzen zubereiten.
Serviertipp: Die Rebhühner halbieren und mit dem sehr heißen Ragout übergießen.

Perdiz estofada de Toledo
Geschmortes Rebhuhn nach der Art von Toledo

- 2 Rebhühner
- 1 Stange Lauch
- 1 Zwiebel in Stücken
- 1 Möhre in Stückchen
- 1 l Tomatensoße (aus der Dose)
- 4 Schalotten
- 1 Gläschen Brandy
- 1/2 kg Champignons
- 50 g geräucherter Bauchspeck
- Olivenöl
- 1 Zitrone
- Salz

So wird's gemacht

Die Rebhühner sorgfältig säubern und mit Zitrone einreiben. • In eine Kasserolle 3 bis 4 Esslöffel Öl geben und die Rebhühner darin von allen Seiten anbraten. • Die Zwiebel, die Möhre, den Lauch, die Schalotten und den Frühstücksspeck dazugeben und alles gut andünsten. • Den Brandy darüber gießen und flambieren. • Die Tomatensoße dazugießen und kochen, bis die Rebhühner zart sind. Würzen und soviel Wasser wie nötig hinzufügen. • Die Soße durch ein Haarsieb passieren und zusammen mit den Champignons in die Kasserolle geben. • Noch ein paar Minuten kochen lassen und servieren.

Pierna de cordero rellena
Gefüllte Lammkeule

- 1 Lammkeule, vom Knochen gelöst

MARINADE:
- 4 Knoblauchzehen
- 2 Lorbeerblätter und 1 Stängel Thymian
- 3 EL Essig
- 2 Gläser Olivenöl
- Salz und 8 Pfefferkörner

FÜLLUNG:
- 75 g frische Bratwürste
- 1 Lammleber
- 1 Scheibe Toastbrot
- 3 EL süße Sahne
- 1 Ei, zerkleinerter Thymian und Salz

SCHMOREN:
- 1 Glas Weißwein und 1 Glas Marinade
- Speisestärke

GARNIERUNG:
- in Öl gebratene Auberginen

So wird's gemacht

Marinade: Die Lammkeule 2 Std. in den vermischten Zutaten marinieren lassen. • **Füllung:** Die Leber hacken und mit den übrigen Zutaten vermengen. In den Zwischenraum stopfen, wo der Knochen war. Die Ränder mit Alufolie abdecken. • **Schmoren:** Die Keule würzen und im Bräter rundherum goldbraun braten. Wein und Marinade dazugießen. Auf dem Herd zum Kochen bringen, den Deckel darauf tun und bei 200° 40 Min. im Ofen schmoren. • Die in Mehl und Ei gewendeten Auberginen in Olivenöl braten. • **Serviertipp:** Die Keule in Scheiben schneiden und in einer ovalen Schüssel im eigenen Saft anrichten. Dazu die Auberginen reichen.

Pollo al ajillo
Hähnchen mit Knoblauch

- 1 Brathähnchen, in kleine Stücke zerlegt
- 3 Knoblauchzehen, gehackt
- 6 ungeschälte Knoblauchzehen
- 1/2 dl Jerez-Weißwein
- 2 dl Olivenöl
- Salz

So wird's gemacht

Die Hähnchenstücke mit dem gehackten Knoblauch und Salz einreiben. • Das Öl in einen Tontopf geben und sobald es warm ist, das Hähnchenfleisch und die ungeschälten Knoblauchzehen hinzugeben. Braten, bis das Fleisch goldbraun ist. • Den Wein hinzugießen und kochen, bis er vollständig verdampft ist.

Pollo al chilindrón

Hühnerragout

- 1 Brathähnchen, zerlegt
- 1 Endstück Serrano-Schinken
- 4 rote Paprikaschoten
- 4 Tomaten, abgezogen
- 1 Zwiebel, gehackt
- 3 Knoblauchzehen, klein geschnitten
- Mehl, Olivenöl und Salz

So wird's gemacht

Die roten Paprikaschoten mit Alufolie bedeckt 45 Minuten im Ofen braten. • Im Ofen abkühlen lassen, damit sie schwitzen. Die Haut abziehen, die Kernchen entfernen und würfeln. • Die gewürzten Hähnchenstücke in Mehl wenden und anbraten. Herausnehmen und beiseite stellen. • In einem Topf die Zwiebel glasig braten, dann den Knoblauch und den Schinken dazugeben. • Anschließend die Tomate und die Paprikawürfel und nach 15 Minuten die Hähnchenstücke hinzufügen. Alles noch 30 Minuten kochen lassen.

Rabo de toro
Ochsenschwanz

- 2 Ochsenschwänze, in Stücke geschnitten
- 4 Zwiebeln, gehackt
- 2 Möhren, in Stückchen geschnitten
- 6 zerstoßene Knoblauchzehen
- 2 dl Olivenöl
- 2 EL Brandy
- 3 Prisen frisch gemahlener schwarzer Pfeffer
- Rotwein
- Salz

So wird's gemacht

Die Ochsenschwanzstücke eng nebeneinander in eine gerade passende Kasserolle legen. • Zwiebeln in Öl glasig dünsten und dann den Knoblauch und die Möhren hinzufügen. Mit Salz und Pfeffer würzen und über das Fleisch geben. • Den Brandy und ausreichend Rotwein hinzugießen, sodass der Ochsenschwanz ganz mit Flüssigkeit bedeckt ist. Die Kasserolle mit einem Deckel schließen, erhitzen und sobald das Ganze zu kochen beginnt, in den auf 100° vorgeheizten Ofen schieben. Das Fleisch nach etwa 4 Stunden Garzeit aus dem Ofen nehmen und auf eine Platte legen. • Das in der Kasserolle verbliebene Fett abschöpfen und den Bratensaft über das Fleisch geben. • Sehr heiß servieren. • **Hinweis:** Das Fleisch kann in nur 40 Minuten auch im Schnellkochtopf gegart werden. Dabei besteht allerdings die Gefahr, dass das Fleisch zerfällt. Der Garvorgang sollte also sehr genau kontrolliert werden.

Ropa vieja

- 1 kg Beinfleisch, gekocht
- 1/2 l Tomatensoße (S. 123)
- 2 rote Paprikaschoten
- 2 Knoblauchzehen
- 1/2 Chilischote
- Paprikapulver
- Pfeffer und Zucker
- Salz

So wird's gemacht

Zuvor die Tomatensoße zubereiten. • Die in Alufolie eingewickelten Paprikaschoten 60 Minuten bei 180° backen. Wenn sie abgekühlt sind, enthäuten, in Streifen schneiden und in einem Tontopf mit den klein geschnittenen Knoblauchzehen und der Tomatensoße kochen. • Mit Salz, ein bisschen Paprikapulver, Pfeffer und Zucker würzen. • Das gekochte Beinfleisch zerschneiden und in die Soße geben. 3 Minuten bei 160° im Ofen erhitzen.
Hinweis: Dieses Rezept ist sehr nützlich, wenn man Bratenreste verarbeiten will.

Solomillo de corzo
Rehfilets

- 3 Rehfilets
- 2 Zwiebeln, gehackt
- 1 kleines Glas Öl
- 3 EL Brandy

MARINADE:
- 2 Zwiebeln, in Streifen geschnitten
- 3 Knoblauchzehen, klein geschnitten
- 4 Lorbeerblätter
- Thymian und Rosmarin

- 20 Pfefferkörner
- 1 Glas Weißwein
- 3 EL Himbeeressig

SOSSE:
- 2 EL Honig
- 1/2 l Bratfond
- 1 EL Himbeeressig
- 1 TL Speisestärke

So wird's gemacht

Marinade: Alle Zutaten kalt vermischen und die Filets 12 Stunden darin beizen.
Schmoren: Die Filets würzen und goldbraun anbraten. Aufheben. • Im selben Fett die Zwiebeln glasig braten und dann die Filets dazugeben, mit dem Brandy und einem Glas Marinade löschen und 15 Minuten auf kleiner Flamme köcheln lassen.
Soße: Den Honig mit dem Himbeeressig verrühren und den Bratfond und die geschmorte Zwiebel hinzufügen. Mit einem Teelöffel Speisestärke binden.

Fisch

Almejas a la marinera
Venusmuscheln auf Seemannsart

- 1 kg Venusmuscheln
- 1 dl Olivenöl
- 1 dl Weißwein
- 2 dl Venusmuschelsud
- 2 EL Petersilie, gehackt
- 4 Knoblauchzehen, klein gehackt
- 1 EL Mehl
- Salz
- Wasser

So wird's gemacht

Die Venusmuscheln zum Entfernen von Sandresten aneinander schlagen und dann in Salzwasser legen. Nach einer halben Stunde herausnehmen, waschen und in 2 Dezilitern Wasser kochen. Die Muscheln aus dem Topf nehmen, wenn sie sich öffnen. • Den Muschelsud durchseihen und beiseite stellen. • Den Knoblauch im Öl andünsten. Bevor er Farbe annimmt, einen im Wein und Venusmuschelsud aufgelösten Esslöffel Mehl hinzugeben. • Sobald das Ganze zu kochen beginnt, die Venusmuscheln hineingeben und die gehackte Petersilie darüber streuen. 1 - 2 Minuten kochen lassen.

Angulas vascas al pil-pil
Baskische Glasaale *al pil-pil*

- 1 1/2 kg Glasaale
- 3/4 l Olivenöl mit 0,4° Säure
- 12 Knoblauchzehen
- 8 Stückchen Chilischote
- Salz

So wird's gemacht

Die Glasaale in 8 Portionsschälchen verteilen. • Auf jede Portion ein Stückchen Chilischote legen. • Den Knoblauch in Öl sautieren. • Dieses Öl abseihen und kochend in die Schälchen gießen. Dabei ständig umrühren, damit sich die Glasaale gleichmäßig erwärmen. Sehr heiß servieren.

Bacalao al pil-pil
Klippfisch *al pil-pil*

- 12 dünne Stücke Klippfisch
- 1 EL Petersilie, gehackt
- 2 dl Olivenöl
- 6 Knoblauchzehen in Scheibchen
- einige Tropfen Chili-Öl
- Wasser

So wird's gemacht

Den Klippfisch 24 Stunden wässern und das Wasser zwischendurch mehrmals wechseln. • In einem flachen Tontopf die Knoblauchzehen pochieren und herausnehmen, bevor sie Farbe annehmen. • Das Öl im Tontopf völlig abkühlen lassen und die Klippfischstücke mit der Haut nach oben hineinlegen. • Den Topf kräftig hin- und herbewegen, damit die Soße eindickt. Den Fisch umdrehen. • Einen Esslöffel Wasser und einen Esslöffel Öl dazugeben und den Topf weiter rütteln. Aufpassen, dass die Soße nicht aufwallt, denn sonst verflüssigt sie sich.
Fertigstellen und Serviertipp: Nach und nach mehr Wasser dazugießen, bis die Soße die Konsistenz einer hellen Béchamel hat. Am Schluss mit Petersilie bestreuen.
Hinweis: Das Gericht hat eine Garzeit von 15 Minuten, gerechnet ab dem Moment, in dem man mit dem Rütteln beginnt.

Bacalao a la vizcaína
Klippfisch nach der Art von Vizcaya

- 1 kg Klippfischrücken ohne Gräten
- 4 Zwiebeln, gehackt
- 4 Stangen Lauch ohne Grün, klein geschnitten
- 4 Knoblauchzehen, geschält
- 10 getrocknete rote Paprikaschoten
- 2 Scheiben Stangenweißbrot, gebraten
- 1 dl Öl zum Anbraten
- 1 dl Öl zum Fertigstellen
- 1 EL Semmelbrösel. Salz nach Geschmack

So wird's gemacht

Den in Stücke zerteilten Klippfisch 48 Stunden in 3 Liter Wasser legen und dieses mehrmals wechseln. Man sollte, ihn in den Kühlschrank stellen. • Die getrockneten Paprikaschoten 12 Stunden einweichen. Dann das Fleisch herausschaben und für die Soße aufheben. • **Soße:** Den Boden des Schnellkochtopfs mit Öl bedecken und das Gemüse in folgender Reihenfolge dünsten: Zwiebeln, Lauch, Knoblauch, Paprikaschotenfleisch. Leicht salzen. • Das gebratene Brot dazugeben und mit Wasser auffüllen. • Den Topf schließen und ab dem Moment, in dem das Ventil zu zischen beginnt, 30 Minuten kochen lassen. • Dann Topfinhalt pürieren und in eine Tonform gießen. • Den Klippfisch in reichlich kaltem Wasser aufsetzen und bevor es kocht, den Fisch herausnehmen, abtropfen lassen und in die heiße Soße legen. • **Fertigstellen:** In frischem Öl die Semmelbrösel kurz anbraten und über das Fischgericht streuen. • Mit Alufolie abdecken und im 170° heißen Ofen einige Minuten lang erhitzen. Der Garvorgang darf nicht zu lang dauern, weil der Fisch sonst nicht mehr schmeckt.

Besugo a la espalda
Graubarsch aufgeschnitten gebacken

- 1 Graubarsch von 1 1/2 kg
- 1 dl Öl
- 2 Knoblauchzehen, klein geschnitten
- Essig
- 1 dl Öl
- 3 Stückchen Chilischote
- Salz

So wird's gemacht

Man lässt vom Fischhändler das Rückgrat des Graubarschs entfernen. • Den völlig aufgeschnittenen Fisch mit der Haut nach unten in eine Backform legen. Würzen und das Öl darüber gießen. Ungefähr 17 Minuten bei 170° im Ofen backen. • Den Knoblauch und die Chili-Stückchen goldbraun braten.
Fertigstellen: Den Graubarsch aus dem Ofen nehmen, mit dem Knoblauch-Chili-Öl begießen und mit ein paar Tropfen Essig besprenkeln. • Heiß servieren.

Bonito donostiarra
Roter Thun à la San Sebastián

- 2 Scheiben roter Thun (etwa 250 g)
- 2 dl Olivenöl
- 2 grüne Paprikaschoten in Ringen
- ein paar Tropfen Chili-Öl
- 2 Zwiebeln, gehackt
- 3 Knoblauchzehen
- 5 reife Tomaten
- Zucker
- Salz

So wird's gemacht

Die Tomaten am Stängelansatz kreuzweise einschneiden und 5 Minuten in kochendes Wasser legen. • Die Zutaten in folgender Reihenfolge kräftig anbraten: zuerst die Zwiebel, nach 5 Minuten den Knoblauch und die Paprikaringe, und nach 15 Minuten die geschälten und gewürfelten Tomaten. • Mit Chili-Öl, Salz und Zucker würzen und eine Stunde köcheln lassen. • Den Fisch in eine Backform geben und die heiße Soße darüber gießen. • 15 Minuten bei 180° backen.

Bonito encebollado
Roter Thun im Zwiebelbett

- 4 Scheiben roter Thun (à 200 g)
- 4 dl Olivenöl
- 1 dl Weißwein
- 1 EL Essig
- 8 große Zwiebeln, in dünne Ringe geschnitten
- Salz

So wird's gemacht

Die Zwiebelringe ganz langsam in 2 Dezilitern Öl dünsten. • Würzen, wenn sie fertig sind, und den Weißwein hinzufügen. Einkochen lassen und dann den Essig dazugießen. • In einer anderen Pfanne im restlichen Öl den Thun so kurz anbraten, dass er fast roh bleibt. Nachher die Haut und die Gräten entfernen, würzen und zu den Zwiebeln geben. Zusammen noch 3 Minuten köcheln lassen.

Calamares encebollados de Santander
Tintenfische im Zwiebelbett à la Santander

Für zwei Personen:
- 6 kleine Tintenfische
- 3 Frühlingszwiebeln, gehackt
- 1 Zwiebel, in Streifen geschnitten
- 1 Stange Lauch (ohne Grün), in Streifchen geschnitten
- Öl
- Salz

So wird's gemacht

Die Innereien und den Schulp der Tintenfische entfernen. Danach waschen und die Arme abschneiden und aufheben. • In einer Pfanne mit sehr heißem Öl die Tintenfische von beiden Seiten goldbraun anbraten und würzen. Die Arme separat braten. • Die aus den Tintenfischen ausgetretene Flüssigkeit aus der Pfanne gießen. • Die Frühlingszwiebeln, die Zwiebel und den Lauch in wenig Öl andünsten und salzen. • Auf zwei Teller verteilen und die Tintenfische darauf legen.

Hinweis: Frisch gefischte Tintenfische muss man 24 Stunden liegen lassen, bevor man sie verarbeitet, weil sie sonst sehr hart wären.

Caldereta de langosta
Langustentopf

- 2 kg Languste
- 2 dl Olivenöl
- 3 Knoblauchzehen, sehr klein geschnitten
- 2 Zwiebeln, klein gehackt
- 1 EL Tomatenmark
- 50 g gemahlene Mandeln
- 2 Eigelbe von hart gekochten Eiern
- Salz

Sud:
- 1/2 dl trockener Weißwein
- 1/2 kg Garnelen
- 2 Zwiebeln

So wird's gemacht

Sud: Die Zwiebeln hacken und mit den Garnelen auf kleiner Flamme dünsten. Den Weißwein dazugießen und verdunsten lassen, dann 1 Liter Wasser aufgießen. Einkochen lassen. Pürieren und aufheben. • **Languste:** Kochen (siehe S. 131), halbieren und aus dem Kopf das Säckchen mit einer Art feinem Sand herausnehmen. Den Langustensaft in einem Mörser mit 2 bis 3 Esslöffeln Wasser und einer Prise Salz verrühren. Das Fleisch aus dem Panzer und den Zangen auslösen und würfeln. • In einer Tonform mit Öl Zwiebeln und Knoblauch langsam dünsten. Als Farbnuance Tomatenmark dazugeben; den Sud und den Saft aus dem Mörser hinzugießen. Eigelbe und Mandeln einrühren und noch ein paar Minuten köcheln lassen. • **Fertigstellen:** Die Languste im letzten Moment dazugeben und 2 bis 3 Minuten ziehen lassen, damit sie schön saftig ist.
Serviertipp: Der Langustentopf wird mit Toastbrot und *Alioli*-Soße angerichtet.

Cocochas de bacalao
Kabeljaubäckchen

- 1 kg Kabeljaubäckchen
- 4 EL Olivenöl
- 6 Knoblauchzehen, klein geschnitten und ohne Keim
- 6 EL Wasser
- einige Tropfen Chili-Öl oder Tabasco
- 4 EL Petersilie, gehackt
- Salz

So wird's gemacht

Öl, den gehackten Knoblauch und eine Prise Salz in eine Pfanne geben. • Langsam dünsten, ohne dass der Knoblauch Farbe annimmt, und erkalten lassen. • Die Kabeljaubäckchen hinzufügen und leicht salzen. • Die Bäckchen erhitzen, die Pfanne hin und her schwenken und während die Soße dickflüssiger wird nach und nach 6 Esslöffel Wasser dazugeben. Je mehr Wasser, desto flüssiger wird die Soße. Die exakte Wassermenge kann nicht angegeben werden. • Einige Tropfen Chili-Öl und die Petersilie hinzufügen. Die Bäckchen vom Herd nehmen, sobald sie gar sind.
Serviertipp: Die Bäckchen mit der Soße auf 6 Schälchen verteilen.
Hinweis: Die Soße darf nicht kochen, solange die Bäckchen garen.

Chipirones en su tinta

Kleine Tintenfische in eigener Tinte

- 24 kleine Tintenfische
- 1 Zwiebel, gehackt
- 2 Knoblauchzehen, klein geschnitten
- 1 grüne Paprikaschote, klein geschnitten
- Olivenöl
- 2 dl Tomatensoße (S. 123)
- Tinte der Tintenfische oder 3 Tintenbeutel
- Salz

So wird's gemacht

Die Tintenfische sehr sorgfältig reinigen und dabei ihre feine Haut abziehen. • Die Schwimmflossen abschneiden und die Innereien sowie den Schulp, der sich durch den Körper zieht, entfernen. • Die Arme und den länglichen Beutel mit der Tinte beiseite legen. • Außen waschen, dann wie einen Handschuh umstülpen und erneut waschen. • 6 ganze Tintenfische und die Arme und Flossen aller Tiere klein schneiden. • Alles braten und damit die übrigen 18 Tintenfische füllen. • **Soße:** Zwiebel, Knoblauch und Paprika im Öl schmoren. • Wenn alles gar ist, die Tomatensoße hinzugeben. • Die Tintenbeutelchen mit grobem Salz zerstoßen und mit etwas Wasser in die Soße geben. • Die Tintenfische in dieser Soße kochen, bis sie weich sind. • Mit Salz abschmecken.

Dorada a la sal

Goldbrasse im Salzmantel

- 1 Goldbrasse von 3 kg
- 2 kg grobes Salz

GARNIERUNG:
- Bratkartoffeln
- Mayonnaise

So wird's gemacht

Eine dünne Schicht Salz auf ein Backblech streuen, den Fisch darauf legen und mit dem restlichen Salz bedecken. • Mit ein paar Tropfen Wasser bespritzen und 35 Minuten bei starker Hitze im Ofen garen.
Serviertipp: Man serviert dazu Bratkartoffeln und Mayonnaise.

Gambas al ajillo
Knoblauch-Garnelen

- 300 g ganze Garnelen
- 1 dl Öl
- 5 Knoblauchzehen, klein geschnitten
- 4 kleine Stückchen Chilischote
- Salz

So wird's gemacht

Die rohen Garnelen auspulen und beiseite legen. • Öl, Knoblauch und Chilischote in ein Tonschälchen geben. • Erhitzen, ohne dass der Knoblauch braun wird. Danach die Garnelen hinzugeben, sparsam würzen und ab und zu umdrehen, bis sie sich verfärben. • Sehr heiß servieren.

Hinweis: Die Mengenangaben sind pro Portion.

Lubina al horno
Wolfsbarsch aus dem Ofen

- 4 Wolfsbarschfilets (à 200 g)
- 1 dl Olivenöl
- 2 EL Brandy
- 1 EL Butter
- 2 Schalotten
- 3 dl süße Sahne
- 2 EL Pfeffer
- Salz

So wird's gemacht

In einer Tonform die Butter mit dem Öl erhitzen. • Die sehr klein geschnittenen Schalotten kräftig anbraten und bevor sie Farbe annehmen die Wolfsbarschfilets mit der Haut nach oben in die Tonform legen. Eine Minute anbräunen und wenden. • Mit dem Brandy flambieren und die Sahne und den Pfeffer unterrühren. Anschließend ungefähr 6 Minuten im auf 180° vorgeheizten Ofen backen.

Marmitako

- 2 dl Öl
- 2 Zwiebeln, gehackt
- 3 grüne Paprikaschoten, in Ringe geschnitten
- 4 Piquillo-Paprikaschoten aus der Dose, in kleine Stücke geschnitten
- 4 Knoblauchzehen, klein geschnitten
- 2 kg Kartoffeln
- 1 kg frischer Thunfisch
- 1 1/2 dl Tomatensoße (S. 123)
- Salz und Pfeffer
- 1 Lorbeerblatt

So wird's gemacht

Die Zwiebeln in Öl anbraten. • Eine Prise Salz darüber streuen, den Knoblauch und die Paprikaringe hinzufügen. Wenn alles fast gar ist, auch die *Piquillo*-Paprikaschoten hinzugeben. • Danach die in mittelgroße Stücke geschnittenen Kartoffeln dazugeben. • Mit Wasser aufgießen und die Tomatensoße sowie das Lorbeerblatt in den Topf geben. Gar kochen und salzen. • Zum Schluss den in Stücke geschnittenen Thunfisch 15 Minuten auf kleiner Flamme mitkochen.
Serviertipp: Das Gericht in 6 Schälchen anrichten.

Merluza en salsa verde
Seehecht in grüner Soße

- 4 Scheiben Seehecht (à 200 g)
- 4 Knoblauchzehen, klein geschnitten
- 1 Zwiebel, klein geschnitten
- 3/4 kg Venusmuscheln
- 1/2 Gläschen Weißwein
- Fischbrühe
- 1 dl Olivenöl
- Petersilie
- Salz

GARNIERUNG:
- 12 Spargelspitzen aus der Dose
- 3 harte Eier
- 1/4 kg Erbsen aus der Dose

So wird's gemacht

In einen flachen Tontopf 1 Deziliter Olivenöl gießen und darin die Zwiebel und den Knoblauch andünsten. • Die Seehechtstücke dazugeben. • Während des Garens den Topf kreisförmig bewegen, damit die Soße andickt, und den Weißwein, die Venusmuscheln, die Erbsen und reichlich Petersilie hinzufügen.

Serviertipp: Am Schluss mit den harten Eiern und den Spargelspitzen garnieren.

Rape alangostado
Falsche Languste (Seeteufel)

- 2 kg Rückenfilets vom Seeteufel
- 1 l Fischbrühe
- 1/4 l trockener Weißwein
- 12 Pfefferkörner
- Salz

PANIERUNG:
- 2 dl Olivenöl
- 2 EL süßes Paprikapulver

So wird's gemacht

Seeteufel: Den breitesten Teil vom Rücken kaufen und das Rückgrat entfernen lassen.
Kochen: Die einzelnen Filets fest mit Faden zusammenschnüren. • Im Paprikapulver wälzen und in einer vorher mit dem Wein zubereiteten Fischbrühe zum Kochen bringen. • In der leicht sprudelnden Brühe 10 bis 12 Minuten garen.
Serviertipp: In Scheiben geschnitten auf einem Salatbett servieren.

Trucha estofada con jamón
Forelle mit Schinken

- 1 Forelle von 1 1/2 kg
- 100 g Ibérico-Schinken
- 4 Knoblauchzehen, klein geschnitten
- 2 dl Olivenöl
- Salz

So wird's gemacht

Im Fischgeschäft die Forelle längs ganz aufschneiden lassen und das Rückgrat entfernen lassen. • Den Fisch aufgeklappt und mit der Haut nach unten in eine Ofenform legen. • Den Knoblauch kurz kräftig anbraten und mit dem Öl über die Forelle gießen. Obenauf die Schinkenscheiben legen. • Mit Alufolie abdecken und 30 Minuten bei 180° backen.
Serviertipp: Die aufgeklappte Forelle mit den Knoblauchstückchen und mit dünnen Schinkenscheiben bedeckt servieren.

Ventresca de bonito
Bauchfleisch vom Roten Thun

- 1 ganzes Stück Bauchfleisch
- 3 Knoblauchzehen
- Petersilie
- Semmelbrösel
- Olivenöl
- Salz

So wird's gemacht

Das gut gesäuberte Bauchfleisch in eine Ofenform legen. • Die Knoblauchzehen klein schneiden und darüber streuen. Anschließend das Olivenöl, die Petersilie, einen Esslöffel Semmelbrösel und Salz hinzugeben. Im auf 170° vorgeheizten Ofen 10 Minuten backen.
Hinweis: Die Garzeit hängt von der Größe des Thunfischstücks ab. 1 Kilo braucht im Ofen 7 Minuten. • Zu lang gegarter Fisch ist nicht mehr saftig, zerfällt leicht und schmeckt fad.

Kutteln und andere Köstlichkeiten

Callos a la madrileña
Kutteln auf Madrider Art

- 1 1/2 kg Kutteln
- 1/2 kg Schweineschnauze, in Stückchen geschnitten
- 200 g Serrano-Schinken
- 8 getrocknete Paprikaschoten
- 100 g frische weiche *Chorizo*-Wurst
- 1 Blutwurst (auf Wunsch)
- Salz und Pfefferkörner

- 1 dl Olivenöl
- 2 Zwiebeln, gehackt
- 4 Knoblauchzehen, klein geschnitten
- 1 Tasse Tomatensoße (S. 123)
- 2 Tassen Brühe von den Kutteln
- 1 Stückchen Chilischote oder einige Tropfen Tabasco

So wird's gemacht

Die klein geschnittenen Kutteln mit der zerschnittenen Schnauze in Wasser mit einem Schuss Essig und Meersalz legen. Nach 1 Stunde kalt abwaschen. • Im Schnellkochtopf mit dem Schinken, den Paprikaschoten und ca. 15 Pfefferkörnern kochen. Nach 45 Minuten prüfen, ob die Kutteln schon weich werden. Die *Chorizo*-Wurst und evtl. eine Blutwurst noch 5 Minuten mitkochen. • Für die Soße Zwiebeln und Knoblauch in Öl glasig dünsten. Die Tomatensoße, die Brühe von den Kutteln und die Chilischote hinzufügen. • Die fertige Soße pürieren und über die abgegossenen Kutteln und Maulstückchen gießen. • Die *Chorizo*-Wurst und evtl. die Blutwurst in Scheibchen darunter mischen.

Lengua en escarlata
Zunge in rotem Gelee

- 1 Kalbszunge
- 10 Blätter Gelatine (16 g)

BRÜHE:
- 1 dl Olivenöl
- 2 Stangen Lauch und 2 Zwiebeln
- 2 Möhren und 1 Weiße Rübe
- 1/2 Tomate und 1 Selleriestängel
- 1 dl Brandy und 1 dl Oloroso-Sherry
- 1 Würfel Fleischbrühe und 6 Pfefferkörner
- ein paar Tropfen rote pflanzliche Speisefarbe

So wird's gemacht

Die Zunge bereits gesäubert kaufen. Vor dem Kochen unbedingt mit Kaliumnitrat einreiben und 10 Stunden im Kühlschrank lassen. Danach mit einem Tuch abreiben, um das Salz zu entfernen. • Die Zunge marinieren (siehe S. 129) und 6 Tage im Kühlschrank aufbewahren. Jeden Tag die austretende Flüssigkeit abgießen. • Am siebten Tag unter dem kalten Wasserhahn abwaschen und eine Nacht wässern. In einen Schnellkochtopf mit Wasser geben und ab dem Moment, in dem das Ventil zu zischen beginnt, 30 Minuten kochen. Wenn die Zunge weich ist, herausnehmen und abkühlen lassen.
• Die Gelatine in kaltes Wasser mit Speisefarbe tauchen und 1/2 Liter lauwarmes Wasser dazugießen. Erwärmen, aber nicht kochen lassen, und umrühren, damit sie sich gut auflöst und rot färbt. Abkühlen lassen. Sobald sie fest zu werden beginnt, die Zunge etwa 6 Mal damit bestreichen; vor jeder neuen Schicht abwarten, bis die vorherige erstarrt ist.
Hinweis: Eignet sich nicht zum Einfrieren, hält sich aber ohne Weiteres ca. 20 Tage im Kühlschrank.

Manos de cerdo rellenas
Gefüllte Schweinsfüße

- 6 Schweinsfüße

FÜLLUNG:
- 300 g Gänseleberpastete

BRÜHE:
- 1 l Weißwein
- 2 Zwiebeln
- 2 Möhren
- Salz und Pfeffer

UMHÜLLUNG:
- Blätterteig

SOSSE:
- 1 Zwiebel, fein gehackt
- 500 g Champignons
- 1 EL Portwein
- 1/4 l Fleischbrühe
- 1 TL Speisestärke

So wird's gemacht

Die Schweinsfüße gut säubern und die Härchen versengen. • Mit allen Zutaten für die Brühe in den Schnellkochtopf tun und wenn das Ventil zu zischen beginnt 25 Minuten kochen. • Wenn sie weich sind, abkühlen lassen und die locker sitzenden Knöchelchen entfernen. • Die Zwischenräume, wo die Knöchelchen waren, mit Leberpastete füllen. • Den Blätterteig dünn auswellen, die Schweinsfüße darin einwickeln und 10 Minuten im Ofen backen. • **Soße:** Die Zwiebel glasig dünsten, mit Portwein begießen und verdunsten lassen. Die Champignons dazugeben und dann die Fleischbrühe. Evtl. die Soße mit einem Teelöffel Speisestärke andicken. **Serviertipp:** Die Schweinsfüße in einer flachen Schüssel mit der Soße servieren.

Mollejas en salsa
Kalbsbries in Soße

- 2 kg Kalbsbries
- 4 Zwiebeln, gehackt
- 4 Stangen Lauch, klein geschnitten
- 8 Körner schwarzer Pfeffer
- 2 Lorbeerblätter
- 4 Stängel Petersilie
- Oloroso-Sherry
- Olivenöl
- Salz

BRÜHE (2 L):
- 1 kg Hühnergerippe
- 3 Schweinsbacken
- 2 Zwiebeln
- 1/2 Kalbsfuß
- 1/4 Suppenhuhn
- 1 Stange Lauch
- 2 Möhren
- 1 EL Speisestärke

So wird's gemacht

Das Kalbsbries 2 Stunden in kaltes Wasser legen. • Danach in kochendem Wasser ca. 3 Minuten blanchieren. Nach Erkalten das Fett entfernen. • Die Brühe zubereiten. • In einem anderen Topf die Zwiebeln und den Lauch in etwas Öl anbraten und dann das Kalbsbries hinzugeben. Kräftig braten und anschließend mit dem Sherry und der Brühe weich kochen. • In Scheibchen schneiden und mit der Brühe angießen, die mit einem Esslöffel Speisestärke angedickt wird.

Soßen und Teige

Salsa alioli
Alioli-Soße

- 2 Eier
- 1/4 l Olivenöl (0,4°)
- 2 EL Wasser
- 1 EL Rotweinessig
- 2 Knoblauchzehen, klein geschnitten
- Salz
- eine Prise Zucker

So wird's gemacht

Die Eier im Mixer oder mit dem Quirl schlagen. Die Knoblauchzehen von den Keimen befreien und klein hacken. Das Öl anfangs tropfenweise unter das Ei schlagen. Den gehackten Knoblauch hinzufügen. Sobald die Soße cremig wird, das Öl unter ständigem Rühren in einem dünnen Strahl hineingießen. Dann die Soße mit Essig und Wasser strecken. Würzen und noch einige Minuten weiter schlagen.

Salsa besamel
Béchamelsoße

- 70 g Butter
- 40 g Mehl
- 1/2 l Milch
- Salz
- Pfeffer

So wird's gemacht

Die Butter bei geringer Hitze zerlassen und darin das Mehl anschwitzen. • Unter ständigem Rühren mit dem Schneebesen nach und nach die Milch dazugießen, dabei zwischendurch immer wieder aufkochen lassen, bevor weitere Milch dazugegeben wird. • Sobald die Soße eine cremige Konsistenz hat, mit Pfeffer und Salz würzen.

Salsa de tomate española
Spanische Tomatensoße

- 2 dl Olivenöl
- 3 Zwiebeln, gehackt (ca. 250 g)
- 1 Knoblauchzehe, klein geschnitten
- 1 kg reife Tomaten, in Stücke geschnitten
- 1 Lorbeerblatt (nach Geschmack)
- Salz
- Zucker

So wird's gemacht

Die Zwiebeln im Öl dünsten und mit Salz und Zucker würzen. Sobald sie glasig sind, den Knoblauch, die Tomaten und das Lorbeerblatt hinzugeben. • Wenn die Tomaten weich werden, mit einem Schaumlöffel zerdrücken. Die Soße 2 Stunden auf kleiner Flamme köcheln lassen und dann durch ein feines Sieb passieren.
Hinweis: Die Zutaten nicht im Mixer pürieren.

Salsa mayonesa
Mayonnaise

- 2 ganze Eier
- 1/2 l Olivenöl (0,4°)
- 1 TL Sherry-Essig
- 2 EL Wasser
- Salz
- Pfeffer
- eine Prise Zucker

So wird's gemacht

Die Eier in den Mixer geben und das Öl unter ständigem Schlagen nach und nach hineinträufeln. Sobald die Soße eine cremige Konsistenz hat, das Öl in dünnem Strahl hinzugießen und weiter rühren. Abschließend Wasser und Essig hinzugeben, würzen und einige Minuten weiter schlagen.
• **Hinweis:** Die Eier vor dem Aufschlagen gründlich waschen. Die Mayonnaise hält sich bei kühlem Wetter in einem verschlossenen Glas im Kühlschrank eine Woche.

Masa para empanadillas
Teig für gefüllte Teigtaschen

- 3 gestrichene EL Olivenöl
- 3 gestrichene EL Milch
- 3 gestrichene EL Rotwein
- ca. 95 g Mehl
- Salz

So wird's gemacht

Die flüssigen Zutaten vermischen und großzügig würzen. • Das Mehl hinzugeben und mit den Händen vermengen, bis ein geschmeidiger Teig entsteht. Den Teig 1 Stunde ruhen lassen. • Mehl auf den Tisch streuen und den Teig mit einem Nudelholz dünn ausrollen. Scheiben mit einem Durchmesser von etwa 7 Zentimetern ausstechen. • Zur Zubereitung von Teigtaschen die Scheiben füllen und in reichlich Öl frittieren.
Hinweis: Sehr praktisch sind die im Handel erhältlichen fertigen Teigtaschen. Man kann auch Blätterteig verwenden, der sehr dünn ausgerollt werden muss.

Masa quebrada
Mürbeteig

- 250 g Mehl
- 125 g Butter
- 1 Eigelb
- 3 EL Wasser
- Salz

So wird's gemacht

Das Mehl in eine große Schüssel geben, in der Mitte eine Mulde formen und die Butter, die knetbar sein muss, das Eigelb, das lauwarme Wasser und das Salz hineingeben. Die Zutaten in der Mitte mit den Fingern vermischen und nach und nach das Mehl unterkneten. Den Teig möglichst rasch zusammenkneten und 1 bis 12 Stunden ruhen lassen. Dann Mehl auf den Tisch streuen und den Teig mit einem Nudelholz von innen nach außen zu einem großen Kreis ausrollen. Die Formen einfetten und mit dem Teig auslegen. Damit sich der Teig beim Backen nicht aufbläht, mit einer Gabel einstechen und eine Kugel aus Alufolie in die Mitte legen. Im Gefrierfach wieder etwa 10 Minuten ruhen lassen. • 15 bis 25 Minuten in dem auf 180° C vorgeheizten Ofen backen. Herausnehmen, sobald sich der Teig ganz leicht bräunt. • **Hinweis:** Im Handel kann dieser Teig auch tiefgekühlt gekauft werden. Dadurch spart man sich zwar die Zubereitungszeit, aber der Teig schmeckt nie wie ein selbst gemachter, der durch die Verwendung natürlicher Fette viel feiner wird.

Mojo picón

- 1 Knolle Knoblauch
- 1 Glas Öl
- 3 EL Essig
- 3 scharfe rote Paprikaschoten
- 1 EL Paprikapulver
- grobes Salz

So wird's gemacht

Den Knoblauch und die Paprikaschoten im Mörser zerstoßen. Wenn alles gut zerstoßen ist, das Paprikapulver und nach und nach auch das Öl und den Essig darunter mischen. Die Soße darf ganz nach Geschmack dick oder eher flüssig sein. Der *Mojo* passt gut zu Braten und zu runzeligen Kartoffeln.

Ragú de níscalos
Ragout aus Edelreizkern

- 1 kg Edelreizker
- 250 g Steinpilze
- 2 Knoblauchzehen, klein geschnitten
- 3 Frühlingszwiebeln, gehackt
- 30 g gehackte Trüffel und ihr Saft
- 1 dl süße Sahne
- 2 dl Portwein
- 1 EL Estragon, gehackt
- Salz

So wird's gemacht

Den erdigen Teil der Pilzstiele abschneiden und die Pilze mit einem feuchten Tuch sauber reiben. In Scheibchen schneiden und auf ein Backblech legen, mit Öl beträufeln und Salz und Knoblauch darüber streuen. Bei 170° 20 Minuten im Ofen garen. • Die Frühlingszwiebeln im Portwein kochen. Wenn sie weich sind und der Wein eingekocht ist, die Trüffel mit Saft und die Sahne einrühren. Auf die Hälfte der Flüssigkeit einkochen lassen, dann die Edelreizker und die Steinpilze hineingeben und einmal aufkochen lassen.

Küchenfachbegriffe

Anbraten

Bei kräftiger Hitze werden Lebensmittel kurz in Fett gebräunt, bevor die Brühe oder Soße hinzugegeben wird, in der sie fertig garen.

Andünsten

Lebensmittel in etwas Fett bei kleiner Hitze langsam garen.

Bain-Marie (Wasserbad)

Kochtechnik, bei der ein Lebensmittel ohne direkten Kontakt mit der Flamme oder Herdplatte erhitzt wird, indem man es in ein mit Wasser gefülltes Gefäß gibt. Die Temperatur kann so besser kontrolliert werden und man vermeidet ein übermäßiges Erhitzen.

Binden

Eine Soße sämig machen und verfeinern, indem man entweder Eigelb oder Butter einrührt oder zu der Soße eine kleine Menge Speisestärke gibt, sodass sie etwas andickt.

Bridieren (dressieren)

Geflügel, Fleisch oder Fisch mit Küchengarn zusammenbinden oder mit Bridiernadeln zusammenstecken, damit während des Garens eine bestimmte Form des Kochguts erhalten bleibt.

Marinieren von Zunge

(100 g Kaliumnitrat, 300 g Meersalz, 8 geschälte Knoblauchzehen und 6 Pfefferkörner). Das Meersalz mit dem Knoblauch und dem Pfeffer vermischen und ein Drittel dieser Mischung auf eine Alufolie schütten. Die Zunge darauf legen und mit dem restlichen Salz bedecken. Zu einem Päckchen zusammenfalten und dabei die Folienränder umschlagen. In eine tiefe Schüssel legen und 6 Tage im Kühlschrank lassen. Die austretende Flüssigkeit täglich wegschütten.

Eindicken

Eine Flüssigkeit oder eine Masse dicker oder fester machen.

Einweichen

Ein Lebensmittel in eine Flüssigkeit tauchen und eine bestimmte Zeit lang darin lassen, sodass es weich wird.

Flambieren (überflämmen)

Ein Lebensmittel oder ein zubereitetes Gericht mit Alkohol übergießen und diesen anzünden.

Gelieren

Eine Flüssigkeit durch Gelatine (wie im Rezept für die Zunge), Kartoffelmehl oder eigene Quellstoffe fest werden lassen.

Julienne

Ein Lebensmittel in sehr dünne Streifchen schneiden. Wird hauptsächlich bei Gemüse angewandt.

Kochen

Lebensmittel eine gewisse Zeit lang in kochendes Wasser geben, damit sie weich und verdaulich werden.

Kochen der Languste

Sie muss lebendig gekocht werden. Man klemmt den Schwanz an den Bauch, um ihn mit Küchengarn festzubinden, und auch die Beine und die Fühler (Antennen) umwickelt man. Die Languste in die sprudelnd kochende Flüssigkeit eintauchen. Warten, bis sie erneut kocht, und ab dem Moment 25 Minuten garen.

Marinieren

Einlegen von rohen Lebensmitteln, speziell Fisch, in eine Marinade aus Wein, Essig, Kräutern, Gewürzen usw., damit sie zarter und aromatischer werden.

Nappieren

Ein Gericht mit gerade soviel Soße, Creme etc. überziehen, dass es knapp davon bedeckt wird.

Passieren (durchstreichen)

Weich gekochtes Gemüse oder Obst wird mit einem Kochlöffel durch ein Sieb gestrichen, um ein weiches Mus zu bekommen.

Pochieren

Lebensmittel aller Art bei kleiner oder mittlerer Hitze völlig gar kochen.

Sautieren

Lebensmittel bei scharfer Hitze in Schmalz oder kochendem Öl braten und dabei die Pfanne ständig schwenken, damit nichts anbrennt oder zu dunkel wird.

Schmoren

Garen von Fleisch oder Fisch, indem man das Kochgut zuerst mit reichlich Zwiebeln anbrät und dann in einer geringen Menge Flüssigkeit bei kleiner Hitze kocht.

Stocken lassen

Eine Flüssigkeit fest werden lassen, entweder durch die Einwirkung von Hitze (bei Eiern) oder durch Beimischung einer speziellen Gerinnungshilfe im Falle der Milch.

Inhaltsübersicht nach Sachgruppen

Suppen

Seite		Nr.
8	Weiße Knoblauchsuppe mit Trauben	1
9	Galicische Bohnensuppe	2
10	Kürbiscreme	3
11	*Gazpacho*	4
12	*Purrusalda*	5
13	*Salmorejo*	6
14	Knoblauchsuppe	7
15	Kastilische Suppe	8

Reis und Nudeln

18	*Arroz a banda*	9
19	Reistopf aus dem Ofen	10
20	Reiseintopf mit Venusmuscheln und Fisch	11
21	Schwarzer Reis	12
22	Canelloni	13
23	*Fideuá*	*14*
24	*Paella*	15

Gemüse

26	Cardy mit Mandelsoße	16
27	Spinat mit Korinthen und Pinienkernen	17
28	Dicke Bohnen auf katalanische Art	18
29	Grüne Bohnen mit Schinken	19
30	Gebackene Salatherzen	20
31	Gemüseallerlei à la Navarra	21
32	Runzelige Kartoffeln mit *mojo picón*	22
33	Kartoffeln mit Schweinsrippchen	23
34	Kartoffeln im Mantel	24
35	Kartoffeln in grüner Soße mit Fisch	25
36	Kartoffeln mit Miesmuscheln	26
37	Mit Reis gefüllte Paprikaschoten	27
38	Mit Klippfisch gefüllte *Piquillo*-Paprikaschoten	28
39	*Pisto*	29
40	Edelreizker	30
41	*Tumbet*	31

Salate

44	Salatherzen aus Tudela	32
45	Orangen- und Klippfischsalat	33
46	Salat mit Entenschinken	34
47	Lauwarmer Salat mit Langschwanzkrebsen	35
48	Garnelensalat	36
49	*Escalivada*	37
50	Meeresfrüchtesalat	38

Salziges aus Teig

52	Blechkuchen mit *Sobrasada*	39
53	Béchamelkroketten mit *Jabugo*-Schinken	40

Seite		Nr.
54	Galicische *Empanada*	41
55	Teigtaschen mit Fleischfüllung	42
56	Geröstete Brotkrumen à la Soria	43

57 Hülsenfrüchte

58	Weiße Bohnen mit Venusmuscheln	44
59	Rote Bohnen aus Tolosa	45
60	Madrider *Cocido*	46
61	Asturischer Bohneneintopf	47
62	*Gachas*	48
63	Kichererbsen mit Spinat und Klippfisch	49
64	Linsen mit *Chorizo*-Wurst	50

65 Eier

66	Gebratene Eierkörbchen mit Reis und Paprika	51
67	Eier im Nest	52
68	Versteckte Eier	53
69	Eier auf Kartoffeln	54
70	Rührei mit Knoblauchtrieben	55
71	Rührei mit Langschwanzkrebsen und Spinat	56
72	Zucchini-Omelett	57
73	Kartoffelomelett	58
74	Omelett mit *Piquillo*-Paprikaschoten und Klippfisch	59

75 Fleisch und Geflügel

Seite		Nr.
76	Hackbällchen	60
77	Lammeintopf	61
78	Schweinsbacken	62
79	T-Bone-Steak mit *Piquillo*-Paprikaschoten	63
80	Gebratenes Spanferkel	64
81	Geschmortes Kalbsbeinfleisch mit Gemüse	65
82	Safranhuhn mit Mandeln	66
83	Wildschwein in Soße	67
84	Pökelschinken mit Steckrübenstängeln	68
85	Marinierte Hähnchenbrüste	69
86	Rebhühner mit Edelreizkern und Steinpilzen	70
87	Geschmortes Rebhuhn à la Toledo	71
88	Gefüllte Lammkeule	72
89	Hühnchen mit Knoblauch	73
90	Hühnerragout	74
91	Ochsenschwanz	75
92	*Ropa Vieja*	76
93	Rehfilets	77

95 Fisch

96	Venusmuscheln auf Seemannsart	78
97	Baskische Glasaale *al pil-pil*	79
98	Klippfisch *al pil-pil*	80

Seite		Nr.
99	Klippfisch nach der Art von Vizcaya	81
100	Graubarsch aufgeschnitten gebacken	82
101	Roter Thun à la San Sebastián	83
102	Roter Thun im Zwiebelbett	84
103	Tintenfische im Zwiebelbett à la Santander	85
104	Langustentopf	86
105	Kabeljaubäckchen	87
106	Kleine Tintenfische in eigener Tinte	88
107	Goldbrasse im Salzmantel	89
108	Knoblauch-Garnelen	90
109	Wolfsbarsch aus dem Ofen	91
110	*Marmitako*	92
111	Seehecht in grüner Soße	93
112	Falsche Languste (Seeteufel)	94
113	Forelle mit Schinken	95
114	Bauchfleisch vom Roten Thun	96

115 Kutteln und andere Köstlichkeiten

116	Kutteln auf Madrider Art	97
117	Zunge in rotem Gelee	98
118	Gefüllte Schweinsfüße	99
119	Kalbsbries in Soße	100

121 Soßen und Teige

122	*Alioli*-Soße
122	Béchamelsoße

Seite	
123	Spanische Tomatensoße
123	Mayonnaise
124	Teig für gefüllte Teigtaschen
124	Mürbeteig
125	*Mojo picón*
125	Ragout aus Edelreizkern

127 Küchenfachbegriffe

128	Anbraten
128	Andünsten
128	Bain-Marie (Wasserbad)
128	Binden
129	Bridieren (dressieren)
129	Marinieren von Zunge
129	Eindicken
129	Einweichen
130	Flambieren (überflämmen)
130	Gelieren
130	Julienne
130	Kochen
131	Kochen der Languste
131	Marinieren
131	Nappieren
131	Passieren (durchstreichen)
132	Pochieren
132	Sautieren
132	Schmoren
132	Stocken lassen

Alphabetische Inhaltsübersicht

Seite		Nr.	Seite		Nr.
122	*Alioli*-Soße		48	Garnelensalat	36
128	Anbraten		11	*Gazpacho*	4
128	Andünsten		30	Gebackene Salatherzen	20
18	*Arroz a banda*	9	66	Gebratene Eierkörbchen mit	
61	Asturischer Bohneneintopf	47		Reis und Paprika	51
128	Bain-Marie (Wasserbad)		80	Gebratenes Spanferkel	64
97	Baskische Glasaale *al pil-pil*	79	88	Gefüllte Lammkeule	72
114	Bauchfleisch vom Roten Thun	96	118	Gefüllte Schweinsfüße	99
53	Béchamelkroketten mit		130	Gelieren	
	Jabugo-Schinken	40	31	Gemüseallerlei à la Navarra	21
122	Béchamelsoße		56	Geröstete Brotkrumen à la Soria	43
128	Binden		81	Geschmortes Kalbsbeinfleisch	
52	Blechkuchen mit *Sobrasada*	39		mit Gemüse	65
129	Bridieren (dressieren)		87	Geschmortes Rebhuhn à la Toledo	71
22	Canelloni	13	107	Goldbrasse im Salzmantel	89
26	Cardy mit Mandelsoße	16	100	Graubarsch aufgeschnitten	
28	Dicke Bohnen auf katalanische Art	18		gebacken	82
40	Edelreizker	30	29	Grüne Bohnen mit Schinken	19
69	Eier auf Kartoffeln	54	76	Hackbällchen	60
67	Eier im Nest	52	89	Hühnchen mit Knoblauch	73
129	Eindicken		90	Hühnerragout	74
129	Einweichen		130	Julienne	
49	*Escalivada*	37	105	Kabeljaubäckchen	87
112	Falsche Languste (Seeteufel)	94	119	Kalbsbries in Soße	100
23	*Fideuá*	14	34	Kartoffeln im Mantel	24
130	Flambieren (überflämmen)		35	Kartoffeln in grüner Soße	
113	Forelle mit Schinken	95		mit Fisch	25
62	*Gachas*	48	36	Kartoffeln mit Miesmuscheln	26
9	Galicische Bohnensuppe	2	33	Kartoffeln mit Schweinsrippchen	23
54	Galicische *Empanada*	41	73	Kartoffelomelett	58

Seite		Nr.	Seite		Nr.
15	Kastilische Suppe	8	91	Ochsenschwanz	75
63	Kichererbsen mit Spinat		74	Omelett mit *Piquillo*-Paprikaschoten	
	und Klippfisch	49		und Klippfisch	59
106	Kleine Tintenfische in eigener Tinte	88	45	Orangen- und Klippfischsalat	33
98	Klippfisch *al pil-pil*	80	24	Paella	15
99	Klippfisch nach der Art von Vizcaya	81	131	Passieren (durchstreichen)	
108	Knoblauch-Garnelen	90	39	*Pisto*	29
14	Knoblauchsuppe	7	132	Pochieren	
130	Kochen		84	Pökelschinken mit	
131	Kochen der Languste			Steckrübenstängeln	68
10	Kürbiscreme	3	12	*Purrusalda*	5
116	Kutteln auf Madrider Art	97	125	Ragout aus Edelreizkern	
77	Lammeintopf	61	86	Rebhühner mit Edelreizkern	
104	Langustentopf	86		und Steinpilzen	70
47	Lauwarmer Salat mit		93	Rehfilets	77
	Langschwanzkrebsen	35	20	Reiseintopf mit Venusmuscheln	
64	Linsen mit *Chorizo*-Wurst	50		und Fisch	11
60	Madrider *Cocido*	46	19	Reistopf aus dem Ofen	10
131	Marinieren		92	*Ropa Vieja*	76
129	Marinieren von Zunge		59	Rote Bohnen aus Tolosa	45
85	Marinierte Hähnchenbrüste	69	101	Roter Thun à la San Sebastián	83
110	*Marmitako*	92	102	Roter Thun im Zwiebelbett	84
123	Mayonnaise		70	Rührei mit Knoblauchtrieben	55
50	Meeresfrüchtesalat	38	71	Rührei mit Langschwanzkrebsen	
38	Mit Klippfisch gefüllte			und Spinat	56
	Piquillo-Paprikaschoten	28	32	Runzelige Kartoffeln mit	
37	Mit Reis gefüllte Paprikaschoten	27		*mojo picón*	22
125	*Mojo picón*		82	Safranhuhn mit Mandeln	66
124	Mürbeteig		44	Salatherzen aus Tudela	32
131	Nappieren		46	Salat mit Entenschinken	34

Seite		Nr.
13	*Salmorejo*	6
132	Sautieren	
132	Schmoren	
21	Schwarzer Reis	12
78	Schweinsbacken	62
111	Seehecht in grüner Soße	93
123	Spanische Tomatensoße	
27	Spinat mit Korinthen und Pinienkernen	17
132	Stocken lassen	
79	T-Bone-Steak mit *Piquillo*-Paprikaschoten	63
124	Teig für gefüllte Teigtaschen	
55	Teigtaschen mit Fleischfüllung	42
103	Tintenfische im Zwiebelbett à la Santander	85
41	*Tumbet*	31
96	Venusmuscheln auf Seemannsart	78
68	Versteckte Eier	53
58	Weiße Bohnen mit Venusmuscheln	44
8	Weiße Knoblauchsuppe mit Trauben	1
83	Wildschwein in Soße	67
109	Wolfsbarsch aus dem Ofen	91
72	Zucchini-Omelett	57
117	Zunge in rotem Gelee	98

Herausgeber: ALDEASA
Ana Cela
Cristina Pineda
Text: Esperanza Luca de Tena
Übersetzung: Susanne Kramer
Fotos: © Cristina Rivarola
Ästhetik: Roser Domingo
Cuca Roses
Design der Sammlung: Atela diseño gráfico
Layout: Myriam López Consalvi
Fotosatz: Lucam
Druck: TF Artes Gráficas
© ALDEASA, 2004
I.S.B.N.: 84-8003-923-X
Pflichtexemplar: M-39558-2004